LE

LIVRE DES ORAISONS

DE

GASTON PHÉBUS

VICOMTE-SOUVERAIN DE BÉARN, COMTE DE FOIX

PUBLIÉ POUR LA PREMIÈRE FOIS

D'APRÈS UN MANUSCRIT DE LA BIBLIOTHÈQUE NATIONALE

Par L'ABBÉ DE MADAUNE

CHANOINE HONORAIRE DE CARTHAGE ET D'ALGER, PREMIER VICAIRE DE St-SÉVERIN A PARIS

MEMBRE DE LA SOCIÉTÉ FRANÇAISE

DE NUMISMATIQUE, D'ARCHÉOLOGIE ET D'HISTOIRE

PARIS
ALPHONSE PICARD ET FILS, LIBRAIRE-ÉDITEUR
Rue Bonaparte, 82

1893

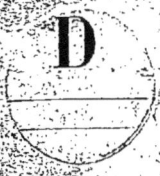

D

83428

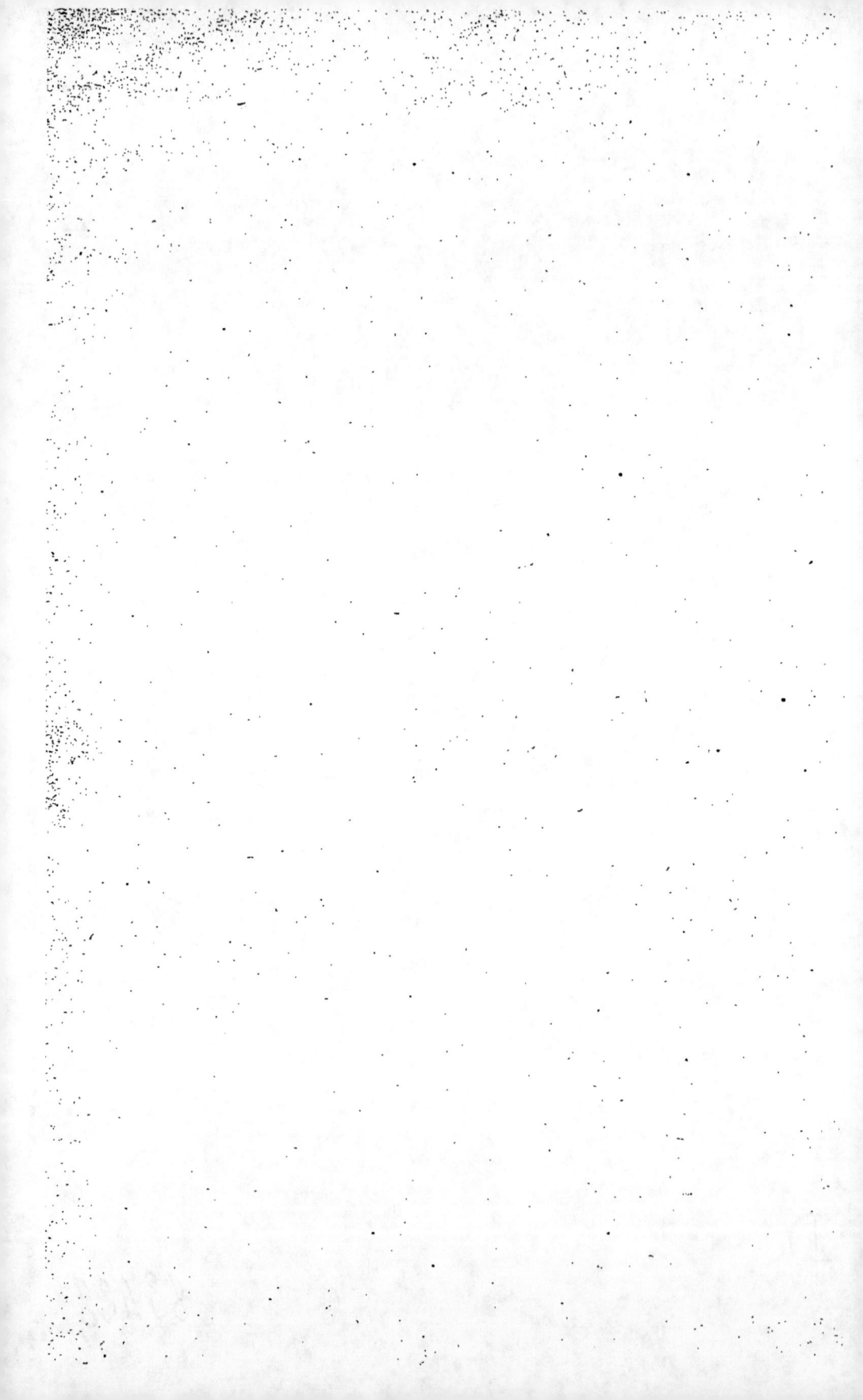

LE

LIVRE·DES ORAISONS

DE

GASTON PHÉBUS

—◦◦◦—

nᵒ 107

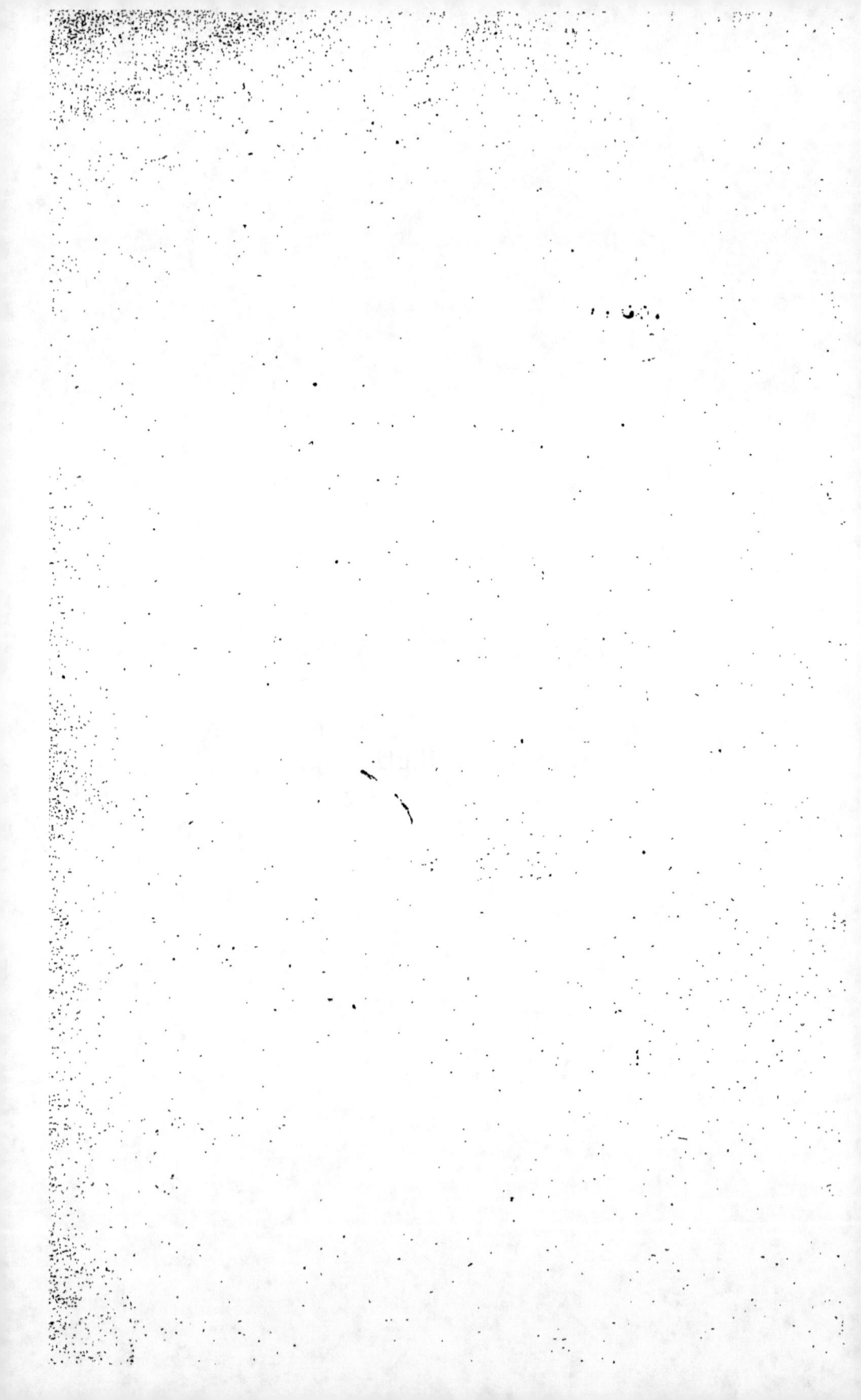

LE

LIVRE DES ORAISONS

DE

GASTON PHÉBUS

VICOMTE-SOUVERAIN DE BÉARN, COMTE DE FOIX

PUBLIÉ POUR LA PREMIÈRE FOIS

D'APRÈS UN MANUSCRIT DE LA BIBLIOTHÈQUE NATIONALE

Par L'ABBÉ DE MADAUNE

CHANOINE HONORAIRE DE CARTHAGE ET D'ALGER, PREMIER VICAIRE DE St-SÉVERIN A PARIS

MEMBRE DE LA SOCIÉTÉ FRANÇAISE

DE NUMISMATIQUE, D'ARCHÉOLOGIE ET D'HISTOIRE

PARIS

ALPHONSE PICARD et Fils, Libraire-Éditeur

Rue Bonaparte, 82

—

1893

AU LECTEUR

L A Bibliothèque nationale possède deux manuscrits du LIVRE DES ORAISONS de Gaston-Phébus. On les trouve à la suite des TRAITÉS DE CHASSE (I) du même Prince, classés sous les numéros 616 et 1292. Notre copie, tout entière de notre main, a été prise sur le texte du M. S. 616. Ce dernier ouvrage, véritable œuvre d'art, pour la beauté scripturaire, pour la perfection et la vivacité du coloris dans les enluminures nombreuses qui illustrent ses pages, a son histoire.

Gaston-Phébus le fit composer pour Philippe, duc de Bourgogne, comte de Flandre, à qui il est dédié. Au sortir de cette famille princière, ce M. S. devint la propriété de Philippe d'Orléans, frère

(1) La Bibliothèque nationale possède 14 manuscrits du Traité de Chasse de G.-P. Ils sont classés sous les numéros suivants : 616, 617, 618, 619, 620, 1289, 1290, 1291, 1292, 1293, 12397, 12398, 24271, 24272.

de Louis XIV. Le grand roi l'obtint à son tour, puis s'en désaisit en faveur du comte de Toulouse. Comment de ces dernières mains arriva-t-il au rayon où chacun le peut admirer aujourd'hui, à sa vraie place ? Il importe assez peu. Le royal manuscrit est définitivement bien national.

Vers 1840, Rivarès et Emile Vignancour, deux noms bien connus et vénérés en Béarn, éditèrent le *Traité de Chasse*, mais le *Livre des Oraisons*, où le trouver ? Hatoulet lui-même (1), ce bibliophile passionné qui avait perdu ses yeux à déchiffrer les documents des Archives si riches des Basses-Pyrénées, ne l'avait point découvert. Qu'on juge de notre joie, lorsque le titre de l'opuscule désiré s'offrit à notre curiosité, à la page 122 du précieux *M. S.* 616.

Cette joie sera partagée, nous l'espérons, par ce public spécial à qui s'adressent ces pages : les amis fervents de la patrie béarnaise, les amateurs des vieilles lettres et des documents historiques.

Les premiers sont nombreux. Tout Béarnais aime son Béarn, même alors que n'ayant jamais quitté le sol natal, il ignore qu'il coule ses jours dans le plus beau pays du monde. Mais celui que les hasards de la vie ont exilé loin du ciel de Pau, ressent bien plus vivement l'amour de la patrie béarnaise. Tout ce qui se rapporte à elle l'intéresse très particulièrement.

Les philologues, moins nombreux, aimeront à voir comment après Joinville, au temps de Froissart, un étranger, prince montagnard, écrit la langue française. L'idiome béarnais était la langue naturelle de Gaston-Phébus. Celui-ci nous révèle pourquoi de préférence il use de la langue de France : « Ma langue, écrit-il, n'est

---

(1) Ce spirituel bibliothécaire de la ville de Pau, à qui la langue béarnaise doit son plus joli sonnet, avait réuni les éléments d'un Dictionnaire béarnais. Après sa mort, sa famille aujourd'hui totalement éteinte, les avait remis à M. Lespy qui les compléta si heureusement.

pas si bien dite et parle français comme mon propre langage » (1).

Nous mettons enfin aux mains des historiens un document qui, sans doute, ne saurait réformer l'histoire de Gaston-Phébus, telle que nous l'ont faite Froissart, les pièces de la collection Doat (2), les vieux écrivains, Mgr de Marca et les travaux savants de Paul Raymond (3), mais qui, néanmoins, jette sur les dernières années du célèbre comte de Foix, un jour bien nouveau.

Les deux premiers chapitres, écrits en latin, rappellent les Confessions de St-Augustin, par l'expression parfois, toujours par les sentiments de contrition qui les caractérisent. Les autres chapitres sont autant de psaumes dans lesquels le nouveau David ne cesse de faire appel à la pitié divine, à cause de la miséricorde infinie par laquelle tout a été créé.

Le copiste nous apprend que son travail a été commencé le 1er jour de mai 1387. Né en 1319 et mort en 1391, Gaston-Phébus nous a donc dépeint dans son *Livre des Oraisons*, l'état de son âme avant sa 66e année. A cet âge, le Prince était encore vert (4).

Sur la fin du XIVe siècle, avons-nous lu, ou en 1500, ce *Livre* reçut les honneurs de l'impression. A cette époque, on le sait, on n'imprimait que les livres de première importance.

Plus de cinq cents ans se sont écoulés depuis le jour où Gaston-Phébus reconnut les services de son « TRÉSORIER » par le fief du Basacle qu'il créa. En publiant ce document, tout à l'honneur de la

(1) M. S. p. 109.

(2) Elle contient 258 volumes de copies faites sous la direction de Jean de Doat, de 1665 à 1670. Plusieurs intéressent le pays de Béarn. Arrivée à Paris en 1732, cette collection se trouve à la salle des M. S. de la B. N.

(3) Archiviste des B.-Pyrénées, il a illustré son nom en éclairant, cataloguant les M. S. confiés à son savoir et à son zèle.

(4) Pour simple mémoire, mentionnons du même auteur, dans ce même M. S, un *Traité sur les Faucons et autres chasses*, qui n'offre aucun intérêt.

mémoire de ce Prince, il ne nous déplait point de penser que nous payons peut-être au bienfaiteur un tribut personnel de reconnais-sance, au nom des générations qui se sont succédé à Morlàas ; de celles, moins éloignées, qui dorment là-bas, sur le plateau du village natal, en face de la belle chaine des Pyrénées, à l'ombre du grand châtaignier.

Paris, le 16 juillet 1892.

M. M.

LE LIVRE DES ORAISONS

I

A donaï, Domine, Deus omnipotens; qui fecisti ex solo verbo tuo cœlum et terram, mare et omnia quæ in eis sunt; qui salvasti Noë servum tuum in diluvio aquarum, dum magnus furor tuus erat contra orbem terræ pro peccatis eorum; qui salvasti populum tuum Israel de manu Pharaonis regis Egypti per Moysen servum tuum; qui humilias superbos et exaltas humiles; qui non deficis sperantibus in te; qui es cum magnâ misericordia innumerabilis omnibus creaturis

---

TRADUCTION

I

A donaï, Seigneur Dieu tout-puissant, qui, d'une seule de vos paroles, avez fait le ciel, la terre, la mer et tout ce qu'ils renferment; qui avez sauvé du déluge des eaux Noë votre serviteur, tandis que votre colère se déchaînait contre l'univers à cause de ses péchés; qui avez sauvé votre peuple d'Israël, de la main de Pharaon, roi d'Egypte, par Moyse votre serviteur; qui humiliez les superbes et élevez les humbles; qui ne manquez pas à qui espère en vous; dont la grande miséricorde est sans borne envers toutes vos créatures;

tuis; qui pro magnâ dilectione quam habeas humano generi et pro
salvatione eorum voluisti Verbum hoc est Jesum Christum filium
tuum mittere in terram, incarnari in benedicta Virgine Maria sine
ulla labe et corruptione; qui facis et fecisti et habes plenam potestatem faciendi tanta miracula quæ aures audire, nec lingua loqui, nec
oculi cernere nequirent; quia omnia in manu tua sunt. Ergo, meus
Deus, per tuam magnam potestatem et tuam misericordiam magnam
et propter nomen tuum sanctum tetragiamaton, ego indignus servus
tuus Phœbus, tibi supplico et rogo humiliter quod tibi placeat parcere
et misericordiam habere mihi cui tu, Domine, tanta fecisti miracula
et bonitates; sit Domine ut placeat tibi quod ego maneam in tuâ firma
spe; et administra mihi gubernare populum meum ad beneplacitum
tuum ut in vita et in morte possim requiescere in tua gratia. Amen.

Miserere mei, Domine Deus, per tuam dulcem pietatem et tuam
misericordiam magnam, quia nulla miserabilis creatura peccator
plus quam ego fuit, nec qui minus debeat habere tuam gratiam.
Verum tamen, Domine, quia tu fecisti tot bona quæ per humanum

—————————

qui à cause de votre grand amour pour l'humanité et pour son salut,
avez voulu envoyer en terre le Verbe, c'est-à-dire Jésus-Christ, votre
Fils; qui avez voulu qu'il s'incarnât dans la bienheureuse Vierge
Marie sans tache et sans souillure; qui faites, qui avez fait et avez
plein pouvoir de faire tant et de si grands miracles qu'il serait impossible aux oreilles de les entendre; à la langue de les dire; aux
yeux de les discerner, parce que toutes choses sont en vos mains.
Donc, mon Dieu, par votre grande puissance et votre grande miséricorde et à cause de votre nom trois fois saint, moi, votre indigne
serviteur, Phébus, je vous demande humblement et vous supplie qu'il
vous plaise de me pardonner et de m'avoir en pitié, moi que vous,
Seigneur, avez comblé de bienfaits si prodigieux et de bontés; qu'il
vous plaise, Seigneur, que je reste dans votre ferme espérance;
accordez-moi de gouverner mon peuple selon votre bon plaisir, afin
que dans la vie et dans la mort je puisse reposer dans votre grâce.
Ainsi soit-il.

Ayez pitié de moi, Seigneur Dieu, par votre douce pitié et votre
grande miséricorde, parce que nulle misérable créature n'a été péche-
resse plus que moi, ne méritant moins que moi, d'obtenir votre
grâce. Cependant, Seigneur, parce que vous m'avez fait tant de biens
que les hommes ne pourraient les énumérer, je veux, néanmoins,
les rapporter, en partie, afin que toute personne ait ferme confiance

non posset dici, tamen aliquâ in parte ego dicam ut omnes persone habeant firmam spem in te. Primo quando fui natus, eram multa puer et frivolis, in tantum quod meus pater et mea mater verecundebantur; et omnes gentes dicebant : " Iste nil poterit valere et ve erit terre cujus erit dominus. " Sed tu, Domine, jam illico expirasti tuâ bonitate et me fecisti habere in te spem, et pro malo quod dicebantur de me rogavi te qualibet die quod dares mihi vim et bonitatem. Et tu, Domine, plenus omni bonitate, audivisti cito preces meas et dedisti mihi plusquam alicui qui fuisset in meo tempore.

Deus Domine, tibi supplicam quod sensum et discretionem mihi dares sic quod terram meam et meas gentes possem gubernare ad beneplacitum tuum; et tam cito tue benigne aures me audierunt, et aperuit Spiritus tuus sanctus meum intellectum ad intelligendum omnia.

Postquam domine fui fortis et sapiens, habui pejus quia omnes gentes dicebant : " Magna perditio tanti hominis tam fortis et tam sapientis qui nil valet in armis ». Et ego feci orationem tibi, omni-

en vous. D'abord, dès que je fus né, j'étais, en tout, enfant et léger, à tel point, que mon père et ma mère en rougissaient; et tout le monde disait : « Ce garçon ne vaudra jamais rien; malheur à la terre dont il sera le maître ! » Mais vous, Seigneur, vous êtes mort par votre bonté et m'avez fait avoir espoir en vous; en place du mal qu'on disait de moi, je vous ai demandé, un jour, de m'accorder force et bonté. Et vous, Seigneur, plein de toute bonté, vous avez promptement entendu mes prières et vous m'avez donné plus qu'à aucun autre de mes contemporains.

Seigneur Dieu, je vous ai supplié de me donner sens et discernement de façon que je puisse gouverner ma terre et mes sujets à votre bon plaisir; et tout aussitôt vos oreilles favorables m'ont entendu et votre Saint-Esprit m'a ouvert l'intelligence pour comprendre toute chose.

Après, Seigneur, que je suis devenu fort et sage, pire m'est advenu, tout mon peuple disant : « C'est grand malheur qu'un tel homme, si fort et si sage, ne vaille rien dans les armes. » Et moi je vous ai fait ma prière, Dieu tout-puissant, pour que vous me donniez honneur à la guerre, et vous m'avez accordez joie de toute manière. Si bien que chez les Sarrazins, chez les Juifs et chez les Chrétiens, en Espagne, en France, en Angleterre, en Allemagne, en Lombardie, en deçà et au-delà des mers, mon nom a été porté potens Deus, quod dares mihi honorem armarum et dedisti mihi multipliciter gaudere. In tantum quod in Sarracenis, Judeis, Christianis, in Ispania, Francia et Anglia, Alemania et Lombardia, citra omne mare et ultra latum nomen meum per tuam gratiam. In omnibus locis in quibus fui obtinui victorias et omnes meos inimicos tradidisti in manibus meis ex quo habeo perfectam noticiam de te. Omnia delectamenta et solatia et omnia bona, quæ in hac mortali vita unus homo potest habere, mihi dedisti quia tibi placuit absque ullâ ratione de me. Breviter de aliquo quod tibi petierim ut dares mihi, nullo tempore defecisti; esset justum, vel non : et ab omnibus malis et tribulationibus me eripuisti. Ergo, Domine Deus pie, postquam tot gratias et miraculosas bonitates fecisti mihi et plusquam homo scribere posset; erit facta tua justicia supra me sine tuâ misericordiâ. Et si est, non oportet mihi quod omnes demones sint parati et omnes pene profundorum infernorum stabilitate ad me vorandum. Et ultimum, plus corpus meum subjectioni omnium precor et omnia bona quæ mihi dedisti, quoniam gratia reducta in

---

par votre grâce. Dans tous les lieux où je suis allé, j'ai remporté des victoires; vous avez livré en mes mains tous mes ennemis; d'où j'ai une parfaite connaissance de vous-même. Tous les agréments, toutes les consolations, tous les biens que, dans cette vie mortelle, un même homme peut avoir, vous me les avez donnés parce que cela vous a plu, sans aucun mérite de ma part. Bref, tout ce que je vous ai demandé de m'octroyer, juste ou non, vous ne me l'avez en aucun temps refusé; et de tous les maux et tribulations m'avez toujours délivré. Donc, Seigneur, Dieu miséricordieux, après m'avoir comblé de tant de grâces, de tant de merveilleuses bontés, au-delà de ce qu'un homme en pourrait écrire, votre justice sur moi s'exercera sans pitié. Et s'il en est ainsi, il ne faut pas que tous les démons, que tous les êtres infernaux sortent du profond de leurs abîmes prêts à me dévorer. Finalement, mon corps, tous les biens que vous m'avez donnés, je les livre à l'indulgence de tous, parce que si votre grâce se change en colère et en haine, il ne serait plus possible de satisfaire complètement à la justice, vu la multitude innombrable de mes péchés (1). Mais, Seigneur, ce qui me donne espoir c'est ceci : que je sais que toutes les créatures, quelles qu'elles

---

(1) Le texte latin de cette phrase est obscur. Nous en donnons une traduction qui nous semble plausible.

tuo odio et ira, tamen jam ex toto hoc, non satisfieretur justiciæ juxta mea multa peccata et immumerabilia. Sed, Domine, spero in uno quia scio quod omnes creaturæ sentierunt tuam bonitatem et tuam misericordiam, quæcunque sint. Numquid velaverunt tuam bonitatem in cœlis angeli, archangeli, throni et dominationes, patriarche et prophete, sancti et sancte martyres atque confessores? Et ultra nesciunt tuum posse, colles, luna, stelle, corpora, aera et momentum throni? nesciunt ergo tua beneficia terra, herbe, bestie, volucres maris et omnes pisces, in abyssis, ubi non sunt mihi tormenta et obscuritates, non sentiunt tuam dulcedinem in aliquo casu? Gentes facte ad tuam similitudinem infirme sane et mortue; et in quocumque statu nesciunt aliquo tempore tuam misericordiam et amicitiam. — Et ego infelix ero solus quod in me deficiat tua misericordia. — Non .. quia indignus supplico omnibus qui sunt in tua gratia ut dignentur rogare pro me peccatore. Et tu, misericors Domine, velis aures tuas dulces inclinare eorum precibus et meis; et administra mihi facere opera tibi placentia et me tene in tuâ firmâ spe Amen.

---

soient, ont éprouvé votre bonté et votre miséricorde. Est-ce que les Anges dans les cieux ont voilé votre bonté, et les Archanges, et les Thrônes, et les Dominations, les Patriarches et les Prophètes, les Saints et les Saintes, martyrs et confesseurs? Ne connaissent-ils pas aussi votre puissance, les monts, la lune, les étoiles, le monde terrestre, le monde des airs, escabeau de votre trône? ne connaissent-ils pas aussi vos bienfaits, la terre, les herbes, les bêtes, les oiseaux de mer et tous les poissons? Dans les abîmes où il n'y a pour moi problèmes ni obscurités, ne ressent-on pas votre douceur, en toute occasion? Les générations faites à votre image sont infirmes certes et mortelles; mais dans tout état n'éprouvent-elles pas, un jour, votre miséricorde et votre amitié? — Et moi, malheureux, je serais le seul en qui votre miséricorde se serait épuisée. — Non... parce que, dans mon indignité, je supplie tous ceux qui sont en votre grâce qu'ils daignent se faire solliciteurs pour moi pécheur. Et vous, miséricordieux Seigneur, qu'il vous plaise incliner vos douces oreilles à leurs prières et aux miennes: accordez-moi de faire des œuvres qui vous plaisent et conservez-moi dans la ferme confiance en vous. Ainsi soit-il.

II

Magna est misericordia Domini et magna est potestas ejus. Quia nullus est qui speret firmiter in eo quem ipse dimittat in aliquo errore. Domine pro me scio hoc ego cui existenti peccatori graviter consilium præbuisti tuâ pietate. Loco illo in quo nullum videbant consilium : Vino, dicebant, iste perdetur. In tuâ pietate me eripuisti et eruisti a magnis tribulationibus. Domine mi, furor faciei tuæ contra gentes est versus et non est sine causâ. Domine, si placet tibi non sumus nos duo devapulati. Gentes sunt minus quam bestiæ que vident vindictam Dei et nolunt videre vino faciunt cot hidie pejus. Verumptamen non est mirandum quia diabolus cujus ipsi faciunt opera exeçat, exordescit et obmutuit eos. Ordines prelati et alii in vestimentis bonis peiores sunt quam alie gentes. Domine, postquam tam maximum malum est venturum, misericorditer te deprecor ut misereraris mei et illius secundum tuam misericordiam tam magnam.

II

Elle est grande, la miséricorde de Dieu, et grande est sa puissance. Car, il n'y a personne espérant fermement en lui qu'il abandonne en quelque égarement que ce soit. Je sais cela par moi-même, Seigneur, à qui, dans mon grave état de péché, votre pitié est venue grandement en aide. De celui en qui l'on ne voyait aucune raison, on disait : Le vin le perdra. Dans votre miséricorde vous m'avez préservé et m'avez tiré de grandes tribulations. Mon Seigneur, la fureur de votre visage s'est tournée contre les nations et ce n'est pas sans cause. Seigneur, s'il vous plaît, nous ne sommes pas, nous deux (1), intempérants. Les gens sont moins que les bêtes; voyant la vengeance de Dieu et ne voulant pas la reconnaître, ils font, chaque jour, pire que le vin. Il n'y a donc pas lieu de s'étonner que le diable, dont ils font les œuvres, les aveugle, les abaisse et les rende muets. Ceux d'un rang élevé, ceux bien vêtus, sont pire que les autres. Seigneur, puisque un mal si grand doit venir, je vous supplie humblement d'avoir pitié de moi et de lui, selon votre infinie miséricorde. Car, si vous regardez à nos actes, nos âmes seront

(1) Allusion à son fils Allain qu'il ne nomme jamais mais qu'il rappelle souvent.

Quia si respicias facta nostra, anime erunt dampnate. Domine, converte oculos tuos ad nos duos servos tuos et inclina aures tuas ad preces nostras. Sapienti opes sunt stultitiores et plus sperant in falsis vanitatibus.

Tu omnia nosti et cognoscis mala corda et punies ea dolorose. O quam seculum est in ira tua, quia ego qui cognosco te, quando video facta predicta, sum turbatus et dubitans. Sed ego cognosco bene quod es justus et ideo spero in te firmiter semper. Gentes vident et admirantur cum quis narrat tuam veritatem et non credunt illam. Tot in profundum cupiditatis intrarunt quia nullam de te nec de sui ipsis commode cognitionem habent. Domine, per sanctam incarnationem tuam quam suscepisti de utero virginis Marie, adjuva me et illum. Domine, per sanctam Nativitatem tuam, custodi me et illum in seculo et semper. Domine, per dolorosam passionem tuam quam tu suscepisti pro nobis dolentibus, salva me et illum. Domine, per sanctam resurrectionem tuam, guberna me et illum nunc et semper. Dulcis virgo Maria, fons pietatis et misericordie, ora pro me et pro illo. Deus Pater, creator omnium, Alpha et o., mei, illius, miserere. Amen.

---

perdues. Seigneur, tournez vos regards vers nous deux, vos serviteurs, tendez une oreille favorable à nos prières. A l'homme sage les riches paraissent plus stupides; ils mettent plus un fol espoir dans la vanité.

Vous, vous savez tout; vous connaissez les mauvais cœurs et vous les punirez douloureusement. Oh! combien ce monde se trouve dans votre colère; puisque moi qui vous connais, quand je vois les actes ci-dessus, je suis troublé et anxieux. D'autre part, je sais bien que vous êtes juste; c'est pourquoi j'espère fermement en vous Les peuples voient, admirent, quand quelqu'un leur raconte la vérité, et ils ne croient pas. Un si grand nombre se sont laissés tellement envahir par la passion qu'ils n'ont aucune convenable connaissance ni de vous ni d'eux-mêmes. Seigneur, par votre sainte Incarnation dans le sein de la bienheureuse Vierge Marie, aidez-nous, moi et lui. Seigneur, par votre sainte Nativité, gardez-moi, gardez le, en ce monde et toujours. Seigneur, par votre douloureuse Passion que vous avez soufferte pour nous malheureux, sauvez-nous, moi et lui. Seigneur, par votre sainte Résurrection, gouvernez-nous, moi et lui, maintenant et toujours. Douce Vierge Marie, source de pitié et de miséricorde, priez pour moi et pour lui. Dieu le Père, créateur de toute chose, Alpha et Oméga, ayez pitié de moi, de lui. Ainsi soit-il.

III

Devant toy sancte Trinité, un Dieu omnipotent, Père, Fils et saint Esperit qui ne desires pas la mort des pécheurs mais la repentance, moy chétif et foible pécheur, ne me repellisses de ta souveraine pitié. Ne regarde, Sires, mes péchiez immondes et laides cogitations par lesqueles ploureusement ie sui séparé de toi. Mais espande sur moi la large clémence de ta bénignité. Ne permetes, Sires, de ma mort elléchier mes ennemis en enfer ou nessun ne se confessera à toi; mais ayes mercy de moy, oppressé par charge de péchiez, otroye à moy dolent, ie te prie, ta grâce, et me délivres de tous maulx passez, présents et avenir, de subite et pardurable mort de toute pestilence et misère, de tout escandel et péril de désirer maligne et de einne perverse et de tout péchié. Oste moy, Sires, tous mes crimes et iniquités et négligences. Tu soyes benigne à moy en toutes angoisses et tribulations et necessités et temptations et en tous mes périls et mes enfermetés. Sainte et seule Trinité, edificient bonté, soyes, si te plait, présent à mes supplications. Par quoy aussi, comme de tes seremens as fait participant sens nul mérite de moy. Mais par ta seule benignité et ta foy, espérance et charité, Sires, me fay persévérer et user. De tout mal me garde et me deffent. Toutes choses à moy proufitables, me veuilles octroyer. Du perpétuel tourment me delivre et à la voye perdurable me meine. Et des temptations mortels du diable lequel ie crains que par mes péchiez ait aucun povoir sur moy me delivre.

IV

Diex, un en trois personnes, de moy vil pecheur indigne reçoy ore mes prières, donne moy, Sire, diligence comment ie te cerche, sagesse que truisse, arme que te cognoisse, yeux qui te voyent, conversation qui te plaise, perseverance iusques à la fin et fin parfaite. Oyez moy priant si comme tu ouys Ionas au ventre de la balaine, délivre moy si comme tu délivras Suzanne de faulx crismes. Ayde, ie te prie, Sires et de tout mal continuablement me delivre et de la bouche des diables me giète et de la mort perpétuelle me irtue et me remplis de la habondance de ta grace, arme mon cuer de ta vertu, expurge ma pensée, sanctifie ma vie, emmende mes coustumes. Illumine mon cuer de la celestial sagesce. Amorte ire et chaleur charnel, attrempe et refrene ma langue de vain parler. Paroles de vérité et de miséricorde, de benignité et de concorde yssent hors de ma bouche en toute honesteté de coustumes, a plain m'adresse et me conforte très piteux en toutes bonnes euvres.

V

A toi, sires, ie manifeste les secrès de mon cuer a toi ie confesse mes pechiez et les laydesces de mon cuer; certes plus durement ay ie pechié que Sodome, et plus ay defailli que Gomorre. Ie suis ton debteur non seulement de dix mille delans, mais de tout le temps de ma vie t'ay a rendre rayson, rompeur de ta loy et sur tous negligent, desobeissant et trépasseur de tes mandemens en toute ma vie. Or Sires, ie vieing a toy a grant tristèce de cuer, a grant contriction de plours et de lermes. Si te plaise que me vueilles ouyr et aidier à retourner a ma salut, toutes mes euvres ordene à ton doux plaisir. Si que ie aproufite de iour en iour et aille de vertu en vertu. A toi, sires, humblement ie pry et en plourant de cuer que tu me vueilles pardonner er garder de cy en avant de faire choses a toy deplaisans, car, sire, sens taide, ma fragilité est en doubte que ne le pusse soufrir. Tu, lumiere véritable euvre mes yeulx de toute cecité humaine et de tout empèchement mondain et séculier; donne moy, Sires, armes de taide et de ta protection, tousiours en ta dilection perseverer; céleste bénédiction recevoir, ainsi que en la présente vie que m'as donnée ie me puisse esleescier en la perpétuelle gloire. Amen.

VI

Encore, Sires misericorsdier et pardonneur de très grant misericorde autrefoys ie te pri que tu me remetes toutes mes offenses par quoy

marme (1) de ta doulce bénignité soit remplie et mottroye pardon
de pleniere indulgence. Tout quant que par ma coulpe iay pechié
doulx Diex, te plaise a moy laver par ta grant pitié, ne soit pas loing
de moy ta misericorde et ta clemence. Mais tout ce que iay fait en
contre toy par la deception du diable et par ma propre iniquité et
fragilité, tu très piteux et très-misericors sires, me vueilles laver
par pardon. Fay moy sain de mes playes et me pardonne mes
pechiez si que par nulle mauvaistié que iaye faite ne puisse estre
separe de toy, mais tousiours ici et en tout lieu de toy aidé et de ta
defension armé a toy, sires, me puisse ie aprouchier et la pardurable gloire finalement prendre. Amen.

VII

O lumière, bieneuree Trinité, et principal unité. Acrois en moy foy.
Acrois espérance. Acrois charité. Délivre moy, Sauveur, et me justifie
o bieneuree Trinité, deslie les crismes, pardonne les péchiez. Giete
hors les misères, oste les angoisses, regarde les tribulations, repette
les adversités en donnant leure de ma petition misericordieusement
me veuillez octroyer. Vien sires je te prie en moy par quoy ie soye
enflammé en tamour de feu de vraye charité. Vien sires ie te pri en
moy par quoy ie te sente dedans mon corps, la confession de ma
bouche reçois à bon gré et motroye faire fruit parfait par quoy ie
soye enflammé en tamour, et comme Moysen ton servant tu illumine
de merveilleuse resplendeur ainsi mon corps et mon sens te plaise
de illuminer. Donne loyers de ioye, donne dons de graces, delie
liens de yre, assemble nous annistance de paix, enlumine mon cuer
car autrement sires iay trop pechié devant toy, plaise toy doulz sires
d'avoir patience en moy, et deslivre moy de maulx lesquels tousiours ausissent sur les gens. Mes iniquités, sires, sont multipliées sur
toutes autres et ataignent iusques auls ciels, pardonne moy sires et
incline sur moy ta miséricorde. Sire Diex appetisse de ci en avant
mes péchiez en courage contrit, et en esprit de humanité soye receu

(1) Mon âme.

et me fay selon ta grant miséricorde car n'est nulle confusion à ceulx qui ont esperance en toy. Il n'est nul autre Diex hors toy, car tu as cure de tous, pour ce es tu sires de tous. Sires ainsi que tu fus benigne et misericors à nos pères, ainsi te plaise de estre à moy, et convertis Sires ma tribulation en ioye. Si que vivant sire ie te puisse beneir.

VIII

Ie te pri doulx sires en toute ta miséricorde que ta yre soit ostée hors de moy, incline sires tes oreilles a ouyr mes prières et mes afflictions. Oyes moy sire et me pardonne et me demeure une car ie tappelle et tousiours tay appellé, ie scay bien sire que nuls n'est plus pecheur de moy. Et si scay que tu es courrouciez a moy, et nul nest qui puisse fuir de ta main. Tu qui pardonnas Ninive ayes mercy de moy, recorde toy sire de tes grans misericordes, et sur moy ne soyt faite ta vangance après mercy, Diex de moy et de mon grief corps. Sire ie te ay mercy ne vueilles pas cloire tes oreilles à mes prières. Recorde toy de moy sire recorde toy si que ie soye en léritage de ton règne et veant ta gloire ie puisse aourer de bouche et puisse dire gloire au Père qui ma fait, gloire au Fils qui ma sauvé, gloire au saint Esperit qui ma renouvelé. Amen.

IX

Ie te suppli mon angel et esperit auquel ie suis proveu par Dieu et commis que tu me gardes sens deffaillement et m'ayde et me visite et me deffens de toute violence du diable veillant et dormant nuyt et iour et continuelement heures et momens, nourris moy, où que ie aille vien avecques moy; oste de moy toutes temptations de Sathan; et ie qui ne suis dignes par mes mérites, par tes prières obten envers le très-misericors iuge et seigneur qui ta a moy assigné pour deffen- seur et recommandé ma a toy par quoy en moy ne puisse avoir nulle vilte, et quant en moy tu verras traversier es pechiez et desvoyer, par les sentiers de ta droiture me vueilles a mon redempteur retourner

et en queconque angoisse tu me veoyes par ta intercession ie sente
laide de toy du vray Dieu omnipotent ie te pri, sil puet estre, que me
faces manifeste ma fin Et quant larme me istra du corps ne me
laisses espoventer aux diables ni escharnir, ne ne me laisses geter à
la fosse de desesperation, et ne me deguerpis iusques a tant que tu
me meines en la mayson de mon créateur, ou perdurablement avec
tous les sains ie puisse ecleescier.

X

Très hault et très bénigne et très amoureux Diex créateur et gouverneur de toutes créatures a ta très grant bonté ie confesse tous
mes pechiez en quelconque manière ie les aye fais, de puis cette
heure que ie eu premièrement cognoissance iusques aore, en laquele
par ta grant misericorde tu me soutiens encore à vivre, de tout sires
vrayement ie ne puis estre en mémoire tant en va. Mais très piteux
seigneur et très misericors Diex au quel sont manifestées toutes
choses aincoys quelles se facent, qui es véritable regardeur de cogitations et es très droiturier cercheur des cuers, tu sires sœs tous mes
pechiez quielx que iaye faiz ou encore fais, ou dedans marme par
cogitation, ou dehors par opérations, et pour ce que veritablement
say que toutes ces choses sont manifestes a toy, de toutes cestes que
ie entens que iay faytes contre ta voulenté devant toy et devant
teus tes saincts ie me confesse et me tieing obligie et en coulpe, et
se ce nest que ta benigne misericorde aincois me secoure après la
mort de la char, ie creing destre perpétuellement dampné et ie scay
très doulx Diex qne tu mas fait de ta grant miséricorde et mas eu
en dilection, serait ce bien raison que ie tamasse et te doubtasse et a
tes commandemens obéisse, tu fis ce, sire, pour amour de moy et
non pas par ton proufit.
Car tu n'es souffreteux de nul bien, car tu meismes es bien, et
par toy est bon ce que bon est, et meilleur tu ne puez estre. A toy
mon vray créateur et très miséricors sires tes commandemens ay des-
prisiez et très orgueilleusement me suis porté, véritablement fermeté
ay perdue, et voye de perdition et de mort encourue. Vanité et
vent de vaine élation, folement suy ie manifesté très piteux Diex

devant ta omnipotence que ie suy trop orgueilleux, vain et de toute différence d'orgueil plain, et aucunefoys sires si me vient mais cest atart que selon lestimation des hommes apert bien que ie menorgueillis, et se aucuns ne parle de ce que iay fait, ie leur en say maugré, et ie mesmes me loe, et ie say bien, sires, que pour mener tel vie mes merit sont tourmeur. Et donc, doulx sires, mon createur secour moy, aide moy en mes oportunités, secourez a marme et par ta inexplicable misericorde tu destruises et ostes de moy mon orgueil. Sires trop dautres choses ay en moy comme yre, et impatience, odieuse discorde, indignacion, rancour de courage, ennuis de pensée, voracité de goule, murmuration, avarice, rapine et trop de choses semblables à cestes, encore plus iay un mal, sires, sur toutes aultres maulx, et cest depuis que ie jssi du bercueil et tousious est venu en acroissant en moy en enfance, en adolescence, et en iœnesce tousiours tousiours a fait mulitiplication en moy et encore ne me veult delaissier, cest mal, sires, si est la délectation de la char, tempeste de luxure qui en trop de manières ma chétive darme a blescié et osté de ta grace. Très doulx et très benignes Diex, ie me manifeste devant ta omnipotence de œste encore. Encore par immondes cogitations enflambe et tachie ardeurs très granz et très deshonnestes non pas tant seulement les mienes mais les delectations des autres. Mon Dieu et ma miséricorde, regarde à ta très grant pitié et me fay selon ta grant misericorde. Se tu sires gardes mes mauvaisties qui les pourra souffrir ne ta iustice endurer senz ta grant misericorde. Piteux soyes a moy pecheur, pardonne moy mes pechiez et mes iniquitez. Si que par ta grant miséricorde de tous mes vices soye monde et purgé, et de touz mes péchiez miséricordieusement absoult, si que quant ma vie sera fenie ie puisse estre au règne des cieulx, ou ie avec tous les saincts puisse toy loer et béneir et glorifier. Amen.

XI

Je te cry mercy doulx Diex omnipotent; selon ta grant miséricorde et selon tes grantz miserations vueilles oster mes iniquités. Mon doult père et mespérance plaise toy moy conseillier comment ie puisse recouvrer mon salut; car depuis que ie sceu que pechie fut, ye nay cesse de péchier; pechiez sur pechiez tousiours ay amassez et les pechiez que de fait ne povoye faire, de mauvaises cogitations ie les faisoye. Et donc de tauz maulx et delectations envelopé et de tauz crismes et pechiez environné, que puis ie attendre fors perpétuelle perdicion, et si aucune foys par aucune misericorde de toy de mes pechiez iay confessé et penance promis à faire au chappellain, tantost ne demeura gaires que ceulz meismes ou pires ie ne feisse, ie iuray et vouay trop de foys que iamais ne feroye tielx pechiez; mais ne demoura gaires que por iurer ne par paour de toy ne demoura que ie retournasse a mes pechiez et mauvestiez. Or sires que pourray ie dire. Se meschant homme qui ay de toy le dos tourné et geté horz de moy qui senz toy ne puis nul bien avoir. Sires e ie espoire en toy non pas pour moy mais pour toy. Bon Dieux met dedans marme ta tremour et oste de mon cuer misérable paour; garde et illumine mon cuer avogle afin que ie voye la grant multitude de ta doulceur, sires, la quele tu as crée aux désespérés de toy, ne te plaise sires que ye soye noyé en la tempeste des yanes ne mon pechie ne me puisse encloire. Car ie croy sires très piteux créateur des hommes diex que tu es omnipotent et toutes choses qui te plaisent sont faites, et ie scay certainement que tu ne véulx ma mort, maiz que ie me convertisse et vive. Si donc sires tu es omnipotent ainsi que vrayement ie le scay de ta tres grant miséricorde ne me laisses desespérer mais seurement et ferme avoir espérance. Vérité est sires, que en toutes guises sont très grans et très horribles mes pechiez, maiz trop es plus grant ta misericorde. Diex omnipotent et misericors ie say que tu es souverain esperit et ta vie est vivant, et si scay sires que par ta grant misericorde ie soy ta créature. Mercy sire donc te plaise de moy avoir mercy sires selon ta grant misericorde, plaise toy sires doulx sires de moy ressusciter de mort à vie. Ce est de pechié a vraye contricrion, car par moy se tu ne le fais doulz diex ne seray retourné. Si te plaise sires que puis tant de bien as mis en moy, ne me vueilles perdre par mes iniquités. Aincoys me deslie des loyens de lennemy et me vueilles retourner en ta grace.

XII

Pardonne sires très piteux, pardonne ma misère et à ma imperfection ne me veuilles mie reprouver comme très sorde. Tu omnipotens sires mon seigneur terrible et très redoubté senz contriction de cuer ainsi comme ie devroye faire senz plour de larmes senz nulle revérence et sens timour, ie te loe et te aoure et te beneis certainement. Sires les tiens angels plains de très merveilleuse exaltation quant liz taourent ilz tramblent de paour et moy chetif maleureux pecheur quant ie te pry et vieng devant toy pour quoy de cuer ne suy ie paoureux qui tant suy mauvaiz que nul plus. Le visaige pourquoy le corps pourquoy ne tramble il carie ne scay quant tu vouldras prendre vengence de moy. Voulentiers le feroye sires maiz ie ne puis. Et car ie ne le puis faire ie me merveille quant tu très terrible avec les yelx de la foy ie regarde, maiz qui le pourroit faire senz lombre de ta grace, toute certes nostre salut est en ta misericorde. Hélas dolent en quele manière ay ie faite ainsi forcenée marme quelle ne soit espoventée de grant paour quant elle devant Dieu et chante à luy ses loanges. Hélas en quele manière sest ainsi edurci mon cuer que mes yeulx ne plourent continuelement flums de larmes quant le servent parle au souverain seigneur, homme avec Dieu, créature avec le créateur, cellui qui est fait de boe avec celluy qui de néant fist toutes choses. Vecy sires que ie me met devant toy et me rent à toy, car de riens ne te puis servir fors que le ce meismes que tu mas donné. Ferme sire ie te pry mon cuer en to timour, et leu ioing quil crieigne ton nom. Sires, donneur de tous biens, donne moy purté de cuer, et lie peusement par quoy parfaitement ie te puisse amer et dignement servir et loer.

XIII

Très doulx sire Dieu ie te suppli qu'il te plaize a moy pardonner mes pechiez et me donne doulz sires en mon cuer repentance et a lesperit contriction et à mes yeulx fontaine de lermes, et a mes mains largesce d'aumosnes. Roy glorieux amorte en moy le désir de la char et arme la vigueur de tamour. Mon Redempteur jete de moy l'esperit d'orgueil et motroye le beneure trésor de vraye humilité. Mon doulz Sauveur oste de moy la fureur dyre et motroye vraye lumière de pacience. Mon Créateur oste de moy rancuer de couraige et me donne douceur de bénigne pensée. Donne moy très piteux père foy, convenient espérance et continuel charité. Mon doulz Créateur, oste de moy vanité de courage et inconstance de pensée, vacation de cuer, legiereté de bouche, elation de yeulx,

gloutonnie de ventre, vituperation de mes proximes, pechiez de
diffamation, desordenée curiosité, convoytise de richesces, violence
de rapine, desirer de vaine gloire, mal hypocrisie, venin de adula-
tion, desprisement des povres, oppression des feibles, ardeur
davarice, rancour dennie, mart de blasfeime. Trenche moy mon
facteur, temerité et inique pertinence, desordene travail, perversité
sompnolence, pigresce, difficulté de pensée, cecité de cuer, obsti-
nation de sens, mauvaistié de coustumes, inobedience de bien,
impugnation de conseil, rapine de povres, violence de non puissans,
calumpnie des innocens, negligence des subgies, cruauté de domes-
tiques, impiété de familiers, durté de proximes. Mon Dieu ma doulce
misericorde, ie te pry qu'il te plaize à moy donner à faire les euvres
de misericorde, et estude de pitié, compassion es traveillies, aide
es souffreteux, secourir es melchiefs, a conseillier les errans,
consoler les tristes, relever les oppreins, recréer les povres, nourrir
les feibles, pardonner ceulx qui mont fait mal, ceulx qui me heent
amer. Rendre bien pour mal et nul ne desprisier, maiz tous honnourer, les bons ressembler, les mauvais eschiver, vertuz embracier,
vices hors geter; en adversité patience et en prospérité continence,
garde de bouche et porte de deffense, en mes levres silence, les
choses du monde laissier, les choses célestiennes désirier. Vecy
mon formateur que trop de choses tay demandées comment que ie
sache que ie ne saye dignes de avoir eu nulles, maiz mon cuer sen
hardist de toy supplier, car ie preng exemple aux larrons et mur-
triers et aux autres vils pecheurs, lesquel en un seul point pardonnes
et aux pardonnes quant il te ploist. Car mon doulx Dieu et mon
Créateur de toutes choses, ia soit que en toutes euvres soyes tu
merveilleus, toutes voyes, tu es plus merveilleux en piteuses euvres,
dont tu meismes par un ton servant as dit « la misericorde de moy
est sur toutes les euvres de moy », car sires tue ne desprises nul, ne
as eu horreur, fors le droit fol qui na cognoissance de toy. Le mien
Dieu don de mon salut et mon recepteur ie maleureux tay courroucie
et ouvré mal devant toy, et toy promeu a fureur et ay bien deservy
ta grant yre, ie ay pechié et tu las souffert, se ie me repens tu me
pardonnes, se ie me retourne vers toy tu me recoifz, et se ie
demeure en mon pechié encore tu matens. Vecy donc doulx sires
mon vray salut, ie ne say que ie te die, ne ie ne say que ie te

responde, ne ie ne scay ou ie me pourray mucier car tu as puissance sur tout et mas montré les voyes de bien vivre, donné
mas chemin de errer et mas menascié denfer et promise la gloire de
paradis. Or pères de misericorde et Dieu de toute consolation forme
ma char en ta cremour en guise que des choses que tu menasces en
doubtant ie eschappe, et rent à moy le confort de ta salut, par quoy
les biens que tu mas promis ie puisse recevoir par tamour.

XIV

Ma force sire mon fermement Dieu mon refuge et mon liberateur
tu mentourme que ie cogite en toy et menseigne que ie te devray
prier et me donne faire les euvres plaisanz a toy. Deux choses say
sires que tu ne desprises cest lesperit en tribulation et cuer contrit et
humble. De ceulz deux sire Dieu fay ie mon trésor en marme contre
lennemy. Fay moy sires sil te plaist que ie ne soye de ceulz qui
croyent et ont contriction en temps, et en tems sen departent.
Sires ne tennuye ce ie tay prié des choses don ie suy fraytureux.
Maiz ta souveraine pitié me donne grant fiance, et ie sais bien
quand ie fais iniure a toy de demander grace que suis dignes de
recevoir tous les maulx que on sauroit deviser. Et quand vray père
et mon créateur reçoit mes euvres, ie say bien que ie suy dignes
de mort et ie demande vie, iay escommen mon seigneur, car ie
demande senz nulle vergoigne aide de ce dont ie devroye estre con-
dempné, ie suy navré de diverses playes, car ie nay cescié de adiouster
pechiez sur pechiez; car pechiez trespassés par nouvelles coupes ay
retournés; de ceulx de quoy ie avoye pris médecine estoye guéri, ma
ardeur frenatique a fait récalmation, car ye say que en quelque iour
que le droiturier pechera, toutes les iustices seront oubliées.

Et moy las qui suy tant de foys retourne à pechie. Comme chien
quant remengue ce qu'il vomit, et comme une truye dedans la boe,
suy tant de foys retourne en mes pechiez que ne me souvient!
quantz hommes qui ne savoient ai ie enseigné à pechier. A ceulx
qui ne vouloient en ai ie prié et contrains. Mais tu droiturier et
miséricors Seigneur ne mas encore puni. Tu tes teu et as esté
pacient iusques ici. Male aventure est pour moy. Car finablement tu
parleras comme courroucie. Dieu des diex, sires des seigneurs ie

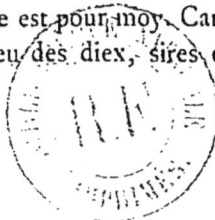

cognois bien que tousiours ne te tayras et ce par ta miséricorde tu
me deportes iusques au iour du iugement. Lors au moins ! verront
tous les saincts et toute autre gent tous mes mauvaiz pechiez. Non
tant seulement des œuvres maiz des cogitations pensées. Mon doulz
Seigneur ie ne say que ie die, car ie suy présent en tel péril, ma
conscience me remort et me traveuille les secrez de mon cuer,
avarice me contraint, luxure men ordist, glouttonnie me deshonneure, yre me perturbe, inconstance mabat, peresse me oppraint,
ypocrisie mengeingne. Vecy sires aqüielz compaignons iay vescu dès
ma iouvente, et ceulz qui iay ame si me dampnent, et ceulz qui iay
loe si me font vituperation. Ce sont les amis que iay eus, ce sont
les seignours que iay servis. Halas que feray-ie mon roy et mon
Dieu tant mal est à moy, ma illumination car iay habité en ténèbres,
et se ce nest par ta grant miséricorde ne sera ia trouvé nul iuste,
especialment moy, maiz doulz sires ie croy et say que ta doulceur
ne tamour sires nest pas passable maiz durable; tamour nest pas
occieuse, ta memoise est plus doulce que miel, ta contemplation est
plus savoureuse que viande. Parler de toy est droitte refection, toy
cognoistre est parfaite consolation, de toy aprouchier vie pardurable,
de toy esloignier mort eternable, fontainne vive à ceulz qui ont soyf
de toy, gloire à ceulz qui te creignent. Ta oudeur suscite les morts,
ton regart fait sains les malades. Ta lumiere oste toute obscurité, ta
visitation giete hors toute tristece, en toy na nulle tastour ne nulle
douleur.

O glorieux Sires, comme tu és veritable, ô ma doulce vie mon
Dieu ie te prie pour toy mesmes quil te plaize que tu me faces en
toy estre, et sire mon Dieu ne me veuilles retarder de donner pour
ce que tu menseignes de demander, car tu promes à chacun, maiz
cilz na riens qui bien ne sert. Ceulz qui sesloignent de toy periront,
mais ceulz qui ont espérance en toy ne seront pas confondus, ceulz
qui te creignent ont en toy espérance et tu leur aides, et és leur
protécteur, et par cremir vient-on en amour, comme Seigneur on
te doit craindre, et comme piteux père, amer. Il ne fault riens à
ceulx qui te aiement, car tes oyelx sont sur eulx et tes oreilles à
leurs prières. Ma miséricorde et mon refuge, mon suscepteur et
mon libérateur ainsi que donne sil te plaist ta tremeur qui dedans
moy metes tamour, et ainsi met en moy tamour et ta tremour que

en moy croisse le tien désirer, et ainsi me faces être participant de ceulx qui te creignent et gardent tes commandemens que par timour de servitude ie merisse avenir a grace damour, par laquelle finablement ie vieigne a ta gloire.

XV

De conscience certes tremblant Dieu tout puissant vieing devant toi, mais à la fiance de la misericorde de ta pitié ie retourne a toy, et ia soit ce, que a aourer et a donner a toy sacrifices ne soye dignes, toutes voyes me vault mielx ce me semble de lessayer. Pour ce te pri très piteux péré et très gracieux qu'il te plaise a moy regarder de ton doulz visaige et a prendre en gré ma petite et bonne voulenté, et a moy aidier en la bonne affeccion que tu me donnes et en moy regarder les choses de mon cuer et purgier, et ce ie par la charge de mes péchiez et par coulpe suy constraint ie te pry sires que par lesgart de mes prières soyent à toy eu toutes choses plaisans.

XVI

Sur toutes choses piteux sires ie tappelle dedanz marme la quele tu appareilles a toy prendre par le désirer; a elle espire, entre doncques, sires, en elle et la appareille a toy par quoy tu layes, car tu, sires las fourmée et par quoy ie aye tousiours come droit si que signe toy sur mon cuer ie te suppli sires très miséricors que moy qui tappelle ne delaisses, car premier que ie tappellasse tu mas appellé et demandé, par quoy ie ton servant te querisse et en querant te trouvasse, et trouvé ie tamasse. Ie toy queru et toy trouvé, et toy sires ie desire a amer : sires acrois mon desirer et donne moy foy que ie demande, car se toutes choses que tu as faites tu me donnoyes il ne soufiroit pas à moy ton servant senz toy. Vray Dieu donne donc toi à moy sil te plaist, rent moy à toy car c'est ce que iayme, car à toy seul vray Dieu suy ie tenuz et en ta doulce memoire me délite. Veez cy sires que quant marme pense et souspire à toy et considère ta inexplicable pitié, le visaige de la char li fait granz perturbations et cogitations. Plaize toy sires que le mien cuer arde et se délite, ma pensée et tout mon entendement et tout lesperit par le désirer de ta vision soit enflammée, preigne mon esperit eles comme un aigle et vieigne jusques à la biaultté de ta maison et au treusire de ta gloire. Si que sur la table de la réfection des souverains citoyens mengier de tes choses rescostes. Tu sires vueilles estre ma exultation qui es ma espérance, ma salut, et ma rédemption. Tu es ma ioye, mon loyer; marme sires demande toy tousiours, tu sires li otroye que en demandant ne defaille.

XVII

Vray Dieu illumination des couraiges qui te voyent et vie des armes qui tayment et vertu des cogitations de ceulx qui te quièrent pour quoy adiuster a ta doulce amour, ie te pri sire humblement et de cuer quil te plaise de moy faire oublier toutes vaines choses temporeles. Car sires iay bonte et dommaige en soutenir les choses de cest monde. Triste chose est à moy de ce que ie voy et oy que toutes choses passent; ay désiré doulz Dieu et donne à mon cuer ioye et vieing a moy, ie te voye; se tu tiens les maisons de marme estroites, soit eslargi mon chemin par où tu vieignes a elle, car elle est très mauvaise. Ha sires ie le confesse car ie le say et tu le sces, car iay failt moult de choses ou ie tay offendu, maiz sire qui lamendera nul autre fors toy à qui ie crie mercy; de mes choses sires rescostes me monde et pardonne moy sil te plaist mes pechiez. Sires ie te pry humblement que les désirs de la char vueilles traire hors de moy, Sires marme soit dame de ma char, la raison et l'arme et ta grace et la maison et moy dedans et dehors sommes a ta voulenté. Donne moy sires que de vray cuer te puisse servir et loer, et ma langue et tous mes os. Dilate ma pensée et hausse le regard de mon cuer par quoy de subite cogitation le mien esperit atteigne toy perpétuel prudence; oste moy sires les loyens par les quielx ie suis constraint, par toy que par toutes les choses sus dites ie ma prouche de toy. A toy seul je me haste, et a toy seul ie entende.

XVIII

Omnipotent Dieu et misericors pere et bon seigneur ayes mercy de moy très vil pecheur, donne moy sires sil te plaist pardon de mes péchiez et eschiuer et vaincre toutes les pensées, temptations et delectations miserables, et especialement de opération, et eschiner les choses que tu defens de faire et server celles que tu commandes, toy servir, amer et honnourer.

Omnipotent Dieu et misericors pere et bon seigneur aye mercy de moi très-vil pécheur, donne moi sires sil te plait pardon de mes péchiez, et eschiner et vaincre toutes les pensées, temptations et delections mizerables, et especialement d'operation et eschiner les choses que tu defens de faire et server celles que tu commandes, toy servir amer et honnourer, compunction de humilité, discretes abstinence et mortification de la char, a toy prier et loer contempler et a tout fait et cogitation qui est selon toy pure et atemprée et dévote pensée, cognaissance de tes mandemens, dilection, delectation, tousiours sires les meilleurs euvres à proufiter senz deffaillir. Doulz sires ne me vueilles laisser a ma humainne ignorance ou enfermeté, ny a mes mérites ny a nul autre fors qua ta piteuse disposicion, maiz toy meismes ordonne moy piteusement et tous mes consiriers et euvres et paroles en ton plaisir, par quoy soit faite en moy, par moy et de moy tousiours ta sente voulenté, delivre moy doulx Dieu de tout mal, et me menne en ta saincte gloire. Amen.

XIX

Sire Dieu le mien créateur ie ay en toy espérance, fay moy sires leur de tous ceulz qui me poursuivent, et men delivre, car en toy ay toute mespérance, playse toy que ie ne soye confondus perdurablement, et en ta iustice me delivre et defent. Sire vray Dieu mon créateur et mon gouverneur ainsy que iay dit et tousiours diray, en toy est et a esté et sera mespérance, et tant que ie vive de ta misericorde ne me desparay, de moi meismes par certain quant ie regarde diligemment tous mes pechiez ie suy en desperation, car tousiours et mauvaises euvres et ordes iay commises maiz regardant le très doulz createur et mon souverain seigneur qui voist tousiours ma mauvaise vie, et encore à tent pouvoir si ie me corrigeray attendant souffrant et escoutant si en aucune manière ie vouldroye amander ma vie, ie regarde a la misericorde de Dieu mon createur qui si

doulcement me sueffre. Maiz, maiz certes iay de toutes pars mes
ennemis qui masaillent et navrent violemment les secrets de mon
cuer, et se ce nestoit le mien souverain et piteux seigneur qui ma
de neant fait qui me secourt et en secourant espovante mes ennemis
qui ainsi me triboulent et me gietent leurs loyens miserablement,
légièrement lyre servit, marme est menee en chetiwoison.

: Donc sires delivre moy de touz mes persécuteurs et pour ce sires
que ie ne suy dignes que par moy le faces, plaise toy de le faire au
moins par ta bonté, car ie confesse souverain doulx sires que tu nas
nulle rayson de moy delivrer, car tout mon temps me suy delite en
mal et en mauvaises euvres ay usé ma vie, maiz par toy me délivre,
car cest vergoigne a toy que tes ennemis se trufent de ta facture qui
est ainsi escharnie et de très puans vices tachiée laquele tu feis si
honneste, et tant de honneur et de rayson tu a ournée que a lymage
tienne et semblance tu fourmée. Vecy très doulz Dieu mon meschant
et chetif esperit par males euvres de toutes pars demengie des dens
de ses ennemis, par les quielx miserablement est desciré, si que a
painnes est eschappé, il appelle sires taide, il souspire à la vision de
ta grace, car sil ne te plaist a ly tost aidier, ia ne pourra a toy venir,
trop dennemis aye comme tu vois très piteus mon créateur par la
fureur des quielx griefment feru et batu et escharné sueffre grans et
griefs douleurs, maiz un entre les autres tousiours sefforce de mettre
moy à mort, car quand touz se sont laissié de moy aussi comme sils
feussent las. Celluy qui plus est hardi de touz me court sus, cest
vainne gloire qui non seulement en mauvaises euvres tache les
gens ainçois es bonnes, sil ne si garde, le fait cheoir, vaine gloire en
semblant de faire bien fait eslever en orgueil et orgueil par son
mortel conseil oste la vertu davoir la cognoissance de l'amour de nostre
seigneur. Car supposé que leuvre que on fait soit bonne, par la vaine
gloire que on en a, n'est pas plaisant a nostre seigneur, et que puest
estre donc plus mauvaise que soy enorgueillir de faire bonne euvre.
Car quand il cuide essaucier par le bien qu'il fait, il tombe bas par
l'orgueil et par la gloire qu'il a. Orgueil certes et vaine gloire natu-
rellement gisent au plus parfont denfer et humilité tousiours habite
es cieulx. Je confesse donc, très benigne dieu, pour ce dessus dit,
estre abatu et près de la mort mené, et en larme navre et ce ainsi
est que ta souverainne misericorde et pitié ne me vueille secourre,

ie seray dampné: Elas doulent, helas chétif, touz temps et en touz lieux : quante chaitivité et maulx as en ton corps.

O Dieu, mon refuge, ô mon doulz createur, ô toute ma vertu que feray-ie, se tu me laisses par mes péchiez perdu suy, car tousiours ay-ie necessité de tayde et de ta misericorde, et si par mes péchiez me desprises car en trop de pechiez mas trouvé, retourne a moy les yeulx de ta misericorde, car ie suy ta creature, et aussi scay-ie bien que tu es mon vray créateur. Aussi te plaise que ie sente que tu es mon vray deffendeur, par quoy en la présente vie tousiours par toy deffendu et aydé soye et feni le corps temporel a toy, créateur mien et sires parfaitement vieigne absoult et monde de touz mes péchiez.

XX

Je vray Dieu ta créature dessoubz lombre de tès eles atendray et en ta bonté ! Aussi par laquele mas fait. Aide sires a ta créature, laquele a faite ta saincte benignité, si que ie perisse en ma malice les euvres que a faites ta très haulte bonté ne soyent pas péries, en ma misère les choses que a faites ta souveroine clémence, et quel proufit ay-ie en ta création se ie descent en corruption. Tu es créateur, et donc sires gouverne ce que tu as fait ! leuvre de tès mains ne desprizes pas, sires tu mas fait de niant, et se tu ne me gouvernes ie retourneray a niant. Ainsi sires comme ie nestoye rien et de niant tu me feis, ainsi se tu ne me gouvernes a nient retourneray. Ayde moy sires, mon doulz Dieu et ma doulce vie si que ie ne perisse en la malice de moy. Se tu ne meusses fait ie ne fusse, et pour ce que tu mas fait ie suy, non mes merites ne ma grace ne te constraindrent que tu me feisses, maiz la très benigne et souveraine bonté qui est en toy, et ta clémence. Cette charité sires Dieu qui te constraint à création celle prie ie sire Dieu qu'il te contraigne à ma gouvernation. Que aproufite à ta charité qui mas fait de niant, se ie peris en ma misère et ta dextre ne me gardes. Ia sires sces tu quant as tu fait par moy, ia sces tu sires que ie suy imparfait se ta grace ne maide, ia sces tu sires que tu de tès mains me feis, ia sces tu sires que ma fragilité tu voulsis envoyer ton doulz fils en terre pour notre salvation et puisque tant pour moy as fait et tant de coust as mis.

pour ma salvation, par mes pechiez ors deshonnestes, sera ta perfection si foible que ie vieigne en corruption et dampnation.

Ha sire regarde a toy et non pas a moy, regarde ta bonté et non ma mauvaistie, regarde ta perfection et non pas ma insuffisance, celle meismes charite te vieigne a ma salvation qui te vint a ma creation car ie say bien que tu es aussi puissant en charite a moy sauver comme tu es puissant a moy faire car tu es celluy meismes, ta main nest pas abregiee Ta misericorde nest pas faillie ne iamaiz ue fauldra que tu ne me puisses sauver, car tes oreilles ne sont pas assourdies que tu ne moyes, maiz les miens treshorribles pechiez senz nombre et mes cogitations et miseres ont fait division entre toy et moy et entre tenebres et lumiere et entre lymage de mort et de vie et entre vanité et verite et entre ceste défaillant vie et perpetuable gloire, laquelle ie te suppli doulz sires que tu me vueilles octroyer.

XXI

Sire vray Dieu tout puissant perpetuelement senz fin et senz commencement, un en trinité et trois en unité ie croy tu seul dieu, ie taour et te loe, et te beneis et te glorifie, et a toy ren grâces et a toy de tout mon cuer ie me recommans, enten sire a ma voix et a ma oroison pere des cielx, mon roy et mon dieu filz redempteur du monde dieu ayes mercy de moy, ne me decoy mie avec mes iniquitez, ne a moy ne te courrouces, ne en la fin ne gardes a mes pechiez. Saint esperit benigne dieu remplis moy de lesperit de ta grace et madresce en voye de salut durable, et menseigne faire ta voulente, oste de mon cuer tout quant que il te desplaist, dieu tout puissant piteus et misericors sires regarde ma tribulation et la retourne en ioye et ne te plaise treshault sire donner ton heritage en perdicion. Regent de touz et protecteur de ceulz qui ont esperance en toy recois mes prières et par les intercessions de la glorieuse vierge Marie oste ta yre de sur moy. Sires dieu omnipotent et mon salut ne te plaise recevoir marme iusques a tant que mes pechiez me soyent pardonnez. O glorieuse mère de Dieu mère de misericorde, tousiours vierge Marie qui portas le seigneur de tout le monde et le roy des angelz, et seule vierge ayde moy ou iour de ma tribulation, afin que par tes prières et par tes mérites ie puisse aler au règne des cieulx. O saint-

Michel archangel dieux prevost de paradis ayde moy et me deffent du maligne esperit a leure de ma mort et meine marme en paradis; tous les sains angels et archangelz dieu, toutes les vertuz des cieulx et tous les sains ordres des beneures esperis, force de la seigneurie contraire, reprenes et empugnes ceulz qui me impugnent; de la cruaulté du rongant ennemy puissamment me deffendes, et en voye de vérité fiablement toutes heures iour et nuyt me gardes et en leure de ma mort marme en paix avec vous recevez.

Saint Iéhan Baptiste et touz les sains patriarches et prophètes ie vous suppli et pri humblement que vous tendes voz mains vers moy et me donnes ayde en toutes mes neccessités et enfermetés, demandez pour moy a notre Seigneur pardon, pacience, constance, iustice, obeissance, continence et sainte perseveration. Saint Pierre tresbeneure prince des apostres et tous les sains apostres euvangelistes et martyrs, donnez moy honnourable acroissance de vertuz, fin louable, pardurable benediction; tres nobles docteurs et touz sains confesseurs, ie vous pri que vous vueilles estre advocas comment ie aye indulgence de mes pechiez devers Dieu et habondance de tous biens, vouloir bonnes coustumes, reverence des commandemens notre seigneur, observer et garder. Toutes les saintes vierges, et les veuves qui sont en la grace de Dieu empetres a moy pecheur don de pardurable grace, continence de vie, netteté de corps, innocence de cuer, fermeté de foy, charité fraternele; supplies pour moy touz les sains et toutes les sainctes qui avez pleu à notre Seigneur du commencement du siècle, ordenez moy a acomplir la voulenté de Dieu en bonnes euvres afin que ie vive senz pechié et que ie puisse parvenir à la gloire de paradis. Amen.

XXII.

Mon souverain et tres redoubté Seigneur quant ie pense en moy en quelx ne en quanz biens tu mas aproufite, et ie recorde aussi quelz ne quanz biens iay perduz par ma coulpe, ny en quelx maulx de coulpes ie suy trebuchie, ie me retourne a toy souspirant les maulx que mauvaisement iay fais, et ie pense en pleurant les biens que par mauvaistie iay perduz, car sires quelx biens ne quelx honneurs sont ou monde de quoy tu ne moyes donné et quelx maulx

que ie naye faiz devers toy; et ainsi pert ie les biens en gaignant
maulx; et perdue ta grace et encourrue ta yre. Ie ne me puis pas
rendre innocent devers toy, car ie say bien mes deffautes qui men-
vironnent comme une grant ost, de lune part mes vilz euvres,
dautre part mes tres grans et mauvaises cogitations et ordres. Ce
sont les choses par quoy iay perdus les grans biens inexplicables et
qui pis est ta grace. Et quant ie recorde doulz Dieu plourant et
gemant en condempnant moy meismes, ie lute a ma char et a mon
couraige que de cuer ne de langue ne de euvre ie ne ne te courrouce,
maiz sires la luite est si foible de ma part que tout temps me treuve
a terre; las layde parole est a dire a moy, maiz certes sires senz toy
toutes mes euvres sont moins que néant. Plaise donc mon doulx
Créateur et mon Seigneur que continuable meslée soit en mon
couraige que nulle amistie en pechie ie ne tieigne, tousiours sires
vueilles que ie cerche et examine estroitement les secrez de mon
couraige, et ce que ie y trouveray de mal ie desrompe et giete hors
de moy. En guise que ie me pardonne ne soye flateur a moy meismes, en tele guise doulz sires que a ton plaisir te puisse ie servir,
et me fay recognoistre vrayment les tresgrans benefices que iay
receuz de toy senz rien de mes mérites, et aussi sires les laiz et
ordes services que ie tay rendu des biens que tu mas donnés.

   Sire ie te cry mercy a grant douleur que tu qui es mon createur
ay descogneu et deservy de tresgrans maulx senz nombre. Helas que
ay ye fait, ha char vil et arme desraisonnable, se pour amour de
mon créateur qui ma tant de biens faiz, ne me vueil laissier de mes
mauvaises euvres, au moins par la paour ou des peines denfer, ou
de la mort qui nul nespargne ou de la punicion en cest monde la
quele ie doubte, car ie say sire que tu me pues baillier es mains de
mes ennemis et estre en servitude Aussi me pues tu faire poure et
malade et trop de diverses punicions, car tu puez tout. Et donc ie
faulx et traytre a mon créateur se ie vueil regarder mes tresgrans
pechiez et employer a mon createur la raysonnable cognoissance quil
ma donne grant, et tous les biens que on pourroit dire, et se ie
vueil ce faire sire iay espérance en toy que tu osteras de sur moy le
regard de vengeance. Et se ie moublie de mes pechiez, et tu de
vengeance te recorderas, toutes ces choses sires ie say bien maiz
rien nen fais. Si te pri doulz dieu omnipotent quil te plaise a moy
adrescier a faire ton plaisir.

XXIII

Très doulx créateur et sur toute rien benigne redempteur fourma-
teur et réformateur mien ie retourne a toy à voix humble, suppliant
ta souveraine pitié que tu enseignes le mien cuer à grant timeur et
tremeur à penser en quant puante et avec quant plourable condicion
ma char a pris la mort de lesperit par laquele aprésent est soustenue
a pourreture et a vers. Ou sera lors ma biaulté se ie nay nulle. Ou
seront les granz déliz ou ie me suy delite en mon temps ? Mes oyeulx
se clorront dedanz la teste retournés, par lesquelx de vainnes et
miserables vocations souvent me delitoye, ilz gerront de horribles
tenebres couvers, lesquielx ore par leur lumière sesleescent de
puisier en vanités ; ouvertes seront les oreilles tantost remplies de
vers ; lesqueles ore avec dampnable esleescement voix de détraction
et seculiers rumeurs reçoivent ; restraindront se les denz miserablement serrées ; lesquéles ore ont large gulosite.

Les narines pourriront qui ore se delitent en diverses odeurs. Les
levres laides et puantes et horribles se monstreront qui souvent par
fol escharniment sesleescoyent a faire dissolutions. La langue sera
lyee de corrompue salive qui trop es vaines et fausses paroles parloit
restraindrace. La gorge et le ventre seront saoules de vers, lesquielx
trop souvent en diverses viandes et beuvrages se sont delites. Par
quoy conteray toutes choses a celle composicion du corps, a la sante
au proufit ou delit duquel auques toute notre cure veille, et satent
en pourreture et en vers et, au derrenier, en vil pouldre se retournera.
Ou est le col esleve, ou est vautance de paroles, ournement de
vesteures, variete de delices, force, legeresce, seigneurie, richesce,
ainsi comme un songe sest tout esvanouy, passees sont toutes
choses et de cy en avant ne retournéront et celluy qui les a eues
meschin ont laissie. Helas doulz Dieu ie te cri merci que puisque il
ta pleu a moy donner la cognoissance des choses dessus dictes il te
plaise a moy donner la cognoissance de lusaige de ceste vie en tele
maniere que a toy ie puisse venir.

XXIV

O Sire doulz quant iay bien diligemment examinee ma vie comment ie suy espovente, car il me semble et pechie et vanite auques toute ma vie, et si aucun fruit est veu en moy il est ou nulle ou imparfait ou en aucune maniere corrompu, tant quil ne pust plaire a toy aincois te desplaist. Doncques o pecheur, ma vie, non pas auques toute, maiz certainement toute, ou est en pechie ou senz fruit. Apres se ie fais nul bien senz doubte en nulle guise celuy ie ne compense es elemens du corps desquielx iay use mauvaisement. Toutesvoyes benigne Dieu tu nourris et atens le tien inutil ver puant par pechie. He non homme, maiz vergoigne daultres hommes plus vil que beste, et pis que charoigne, marme est ennuyee de ma vie. Iay de vivre grant vergoigne marme est merveilleusement mise-rable, car ne se duelt tant comme elle meisme cognoist que se devroit douloir, aincoys est ainsi pire comme se elle ne savoit que li est a avenir.

O arme aveugle pire et pecherresse le iour du iugement est pres, car tu ne sces quant iour dyre, iour de tubulation et dangoisse, iour de misere, de tenèbres et de calamité. O arme pour quoy dors donc ou sont tes bons fruis ? Ce sont espines poignans et pechiez tresamers lesquielx par ma voulente ie tay fait faire et tu a moy par ma vou-lente. Je vouldroye que notre Seigneur estimast petit ton pechie, maiz hélas tout pechie deshonneure dieu par transgression. Quel doncques petit puis que tout pechie est deshonneur a dieu ? O fust sec et senz proufit dieux pardurables sires digne, et que respondray ie en ycel iour quant ie seray requeru de tout mon corps iusques à la paupiere de lueil, de tout le temps a moy donne pour vivre en quele manière ie lay despendu. Lors sera condempne en moy tout ce qui sera trouvé par euvre, ou de parole occieuse et de silence iusque la plus petite cogitation et encore ce que ie aray vescu doulz dieu se a ta voulente ne lay adrescie. Hélas et quanz pechiez vendront ainsi comme daguet de quoy ie ne me garderay ne or ne les voy quanz que ie ne cuide que soyent maulx saparront lors tresmauvaiz pechiez a merveilleuse durte de cuer et accessible piresce. Hélas pécheur les choses dessus dictes souffirent bien en moy coutumier en plours, car , certes se ie di tout quant que ie pourroye comparer a ce seulement que iay fait. Hélas a qui ay ie pechie? dieu trestout omnipotent ay deshonnoure, ha sire dieu tout puissant ne tabrive sur moy constraint, ou me muceray ie, qui me delivrera de tes mains, dont aray ie conseil ne dont aray ie salut, certes de nul fors de toy. Doulz vray et puissant dieu ie esperay en toy que ie crains regarde sire moy meschin suppliant tu qui mas fourme, qui es mon sauveur et mon redempteur ne me condempne sire car tu mas cree par ta bonté, ne perisse ton euvre par mes iniquités. Ie te pri trespiteux ne decipe ma mauvaistie ce que a fait ta omnipotent bonté, recognois tresbenigne ce que tien est et oste ce que est dautruy. Sire sire ayez mercy de moy car temps est davoir mercy, pour ce que tu ne me condempnes quant de iugier sera venuz le temps, se tu recoys sires moy dedanz le saing de ta misericorde, car pour moy ne sera plus estroit sire et tresdesire seigneur recoy moy par quoy avec tes esleuz tu seul ie aime et en toy me glorifie.

XXV

Sire, doulz Dieu, a toy ie me rent comme cil qui na nul autre refuge ne autre espérance fors en toy combien que ie ne soye dignes a lever les oyeulx pour toy prier. Certes ou moins sui ie dignes de ceulz en plourant aveugler, car cest confusion a ma pensee de prier par vergoigne de tresmauvaise conscience, droituriere chose est que soit confondue par tresgrande douleur de paoureuse tristece regardant mes euvres et mes pechiez tres ors et innumerables; terreur horrible, inconsolable tristour, venez sur moy, perturbez moy, enveloppez moy et mopprimes, car nulle vergoigne ay offendu Dieu. Certes raisonnable chose est que ie qui suy coulpable sente les tourmens lesquielx iay meris, et que ie apreigne ce que iaray a souffrir; bien est rayson que ie aye longue penitance que tant longuement ay pechie et demoure en mes pechiez et en mondices consolation soulas leesce seurtef ie ne vous vueil point ainz vous renye se non que par pardonnance de mes pechiez retournissiez a moy, ie cogite ce que iay fait en partie, maiz non pas tant comme

3

iay fait, et aussi Sire, ie pense qui tu es et ce que ie voy sur la terre de miseres et de tenebres et dorreurs ou il na nulle perfection, maiz tresgrans travailz et tribulations especialment es pecheurs desquielx ie suy un.

Et sire doulx et se ie ay fait moy coupable vers toy pour ce sire ie nay pas peu faire que tu ne maies fait, et se iay tolu a moy meismes chasteté pour cela ie nay pas morte ta tresgrant pitié. Sire sire si iay commis le cas dont tu me pues dampner, pour ce nas tu pas perdu dont tu sires sauver ne te plaise sire, ne ne vueilles ainsi entendre à mon mal, que tu soyes oubliant de ton bien. Tu sire dis que tu ne vuelz la mort du pècheur, et qui te fait force dónc de moy livrer a mort sil te plaist que le pècheur vive et se convertisse. Et qui te deffent de faire ce que tu veulz que ie me convertisse et vive. La grandesce de mes pechiez te constraint elle a ce que tu ne veulz, et te deffent a ce que tu puez comme tu soyes Dieu omnipotent. Loing soit de toy mon Dieu et mon Seigneur que plus de puissance aigt ma nequisse confessant et doulant que la sentence de toy omnipotent remembre toy droiturier et benigne Dieu que tu es misericors créateur et mon recréateur ; ne te recordes bon Seigneur de ta droiture contre ton pècheur, maiz soyes remembrant de ta benignité envers ta créature. Ne soyes remembrant de yre contre le coulpable, maiz soyes recordant de tes miscrations vers le tresmiserable. Pardonne donc tu bon Seigneur duquel vient toute salut a moy chetif, doulant vil treshorrible et tresmerveilleux pècheur, ca ce nest une impossible chose a ta omnipotence ne en descendant a ta iustice ne desacoustume a ta miséricorde, car en touz temps es tu bon et vray au siecle des siècles.

XXVI

Quant aux pechiez que iay fais Sire vray Dieu omnipotent ie regarde, et aux peinnes et tourmens que pour ceulz ie doy souffrir, ie nay pas petite paour. Aincois consire et pense si en nulle maniere ie retrouveray consolation. Maiz helas doulent ie nen treuve nul. Car non seulement ay ie courroucie a toy qui es mon createur, maiz toy et toutes tes creatures, et ainsi ie nay a qui recourre ne ou aler. Que feray ie doncques en quieu part iray ainsi triste et ainsi desole par les malices de mes pechiez. Si a celluy qui ma fait ie vueil retourner et a sa inexplitable pitie, ie craing moult quil se vueille vengier sur moy des deshonnestes pechiez que iay faiz senz regarder ne amour ne paour de luy. Que feray ie doncques demourray ie desespere senz conseil et senz ayde, encore mon doulz createur soustient que ie vive et fay mes besoignes honnourables et proufitablement, ne encore par mes pechiez ie ne puis vaincre sa grant bonte qui me vueille confondre du tout ne destruire ainsi comme iay grant temps a deservi. Cest donc Sire certainne chose que trop es tu piteux envers moy qui tant de biens mas donnes et me donnes, ne encore de mes mauvaisties vengance ne frequiers. Iay ouy dire moult de foys que notre Sires est trop piteux; maiz certes ore le tesmoingne par moy meismes, et comment Sires ie voy tant de misericordes et de pities en toy et tant de pecheurs pardonner que nulz ne delaisses, maiz touz les recoys, ie ne me doy pas desesperer, car ie say bien que cil qui pardonne les autres me puet bien pardonner, car il est tout puissant, maiz entre pecheurs a grant difference. Donc ie pensant de quans pechiers et de quantes ordures la desaventureuse de marme est tachiee. Se ne me met pas avec les pecheurs maiz ie me tiens plus pecheur que nul. Trop de gens ont pechie et apres repenti, et trop de gens ont fait maulx et moult de biens. Maiz ie maleureux et sur tout pecheur entendant et sachant a quante perdicion me tiroit mon pechie, de pechier ne cessay maiz touz iours adioustant pechiez sur pechiez, et ainsi dolent de mon gre ay use toute ma vie en pechiez, ie donc qui en tele maniere ay vescu, et qui tant de maulz ay fais, et qui en toutes iniquitez me suy envelope, en quele maniere oseray avec les autres pecheurs courre à la fontainne de misericorde.

Ayde donc Sire dieu à ta creature, car par grandesce de pechiez ne te puet vaincre si le pecheur donc ne vient en desesperation.

Sueffre donc, sire mon dieu, et soustiens moy à regarder ta inexplicable pitié et mottroye, sil te plaist, que ie mastieigne de tant de maulx comme iay fais, de cy en avant, car par ma vertu senz toy ie ne le puis faire, Sire, si mottraye, sil te plaist, que en ceste vie aincoys que ien parte, ie me puisse amender vers toy mes pechiez et parvenir en ta grace.

XXVII

Ayde moy le mien dieu le quel ie quier, le quel ie ayme, le quel de cuer et de bouche et de toute la force que ie puis ie loe et aour, ma pensée à toy devote par tamour eschaufee, à toy souspirant, de toy veoir desirant, riens nest doulz fors toy, de toy parler, de toy ouyr, de toy escrire, ta gloire souvent dedanz le cuer penser, par quoy ta mémoire se ne soit entre ceste vie de tempestes ma recreation, tu donc ie appelle, tresdesire, à toy ie crie de grant clamour en tout mon cuer. Quant ie sire me recors de toy ie me delite en toy duquel sont toutes choses, par lequel sont toutes choses. Tu le ciel et la terre remplis portant toutes choses senz charge, tout remplis senz estre enclos, tous temps en euvre et tousiours en repos, recevent et non fraitureux, demandant et riens ne te fault. Amant senz eschaufer, repentant senz desplaisir, courroucie et trespaisible, remuant euvres et non pas conseille; recueures et rien nas perdu; rien ne te faut, et as ioye du gaing; tu nes pas avaricieux et veulz avoir usures; tu rens debtes et riens à nul ne dois; delaisses ce que on te doit et riens ne pers; tu qui es par tout, et en chascun lieu tout; tu puez estre sentu et non pas veu; tu es tousiours touz temps present et tresloing; tu es par tout present et on ne te puet trouver; toutes choses environnes, toutes choses surmontes, toutes choses soutiens, toutes choses enseignes que par lieux ne testens; ne par temps ne te varies; ne ne vas ne retournes, tu qui habites en lumière le quel nul homme ne puet veoir; tu ne te peuz separer, car tu es un tout trestout illuminez, tout est en ta main. Se livres on escript de toy, on ne puet raconter ta grandeur, car tu es inexplicable grant certainnement; es senz quantité, senz mesure; tu es bon senz qualité, et nul fors toy seul nest bon; du quel la voulente est euvre, du quel le vouloir est povoir, car toutes choses as faites par ta seule voulente. Tu gouvernes toutes choses senz travail et senz annuy, tu es par tout et si nas point de lieu. Tu puez faire toutes choses fors que mal, par la bonté du quel sommes faiz, et par la iustice du quel plourons les pechiez et par la clemence sommes delivré de ceulz. Tu es en toutes choses et toutes choses en toy, du quel nul ne puet eschapper par nulle voye, car certainnement qui naïa toy a peinne en nulle guise neschapera de toy courroucie, et donc doulz Sire puis que si grant et puissant et si misericors es, a toy corps et arme ie donne, quil te plaise que par ton doulz plaisir me vueilles adrescier en ton doulz service.

XXVIII

Dieu trespiteux clément et misericors soyes benigne sur mes pechiez que iay faiz par le dyable ou par ma propre voulente, ne les réserve a examiner a ton iugement, maiz motroye sil te plaist grace pardonnance. Car se devant toy de mes coupes ie faiz comparaison avec les maulx et les punicions que tu me donnes, certes plus grant est le plus petit de mes pechiez que oncques mal que ie receusse, et par nul mal la mauvaise voulente de moy ne la dure teste ne se baisse ; la vie en douleur souspire, maiz par euvre ne devient meilleur ; se tu mates ie ne me corrigeray pas, se tu te venges ie ne dureray mie, se trop iay tribulations ie promet avenir a toy. Se tu trez le coutel ce que iay promis ie ne fais, se tu fiers ie crie que tu me pardonnes. Se tu pardonnes autrefois ie fais que tu me fieres, si tost a mes prieres tu me pardonnes ie te moins prise ; se tu me baz aucune foys tantost que le mal est passe, plus ne men souvient ; ie vueil que tu me obeisses tantost, et se non, ie murmure contre toy et envers toy, ie ne tiens riens de tes commandemens.

He donc sire le coulpable pardonnes, car tu es trespiteux. Ie say bien sire que se tu ne pardonnes que droiturierement tu puniras ; maiz en toy est tresgrant pitie et misericorde surhabondant ; de moy criant a toy sire ayes mercy de moy ; esmeuve ta tres-grant misericorde. La voix contricte et ploureuse et comme moy estre coulpable soit grant misere, soit a toy plus grant clemence de moy estre meschin a ton aydel humilie devant toy de mes crismes les maulx dire et les douleurs ; de toy misericorde ie atens le quel iay repelli pechant. Donne doncques pere trespiteux que ces choses que iay commises ie pleure par tout lespace du iour ou de la nuyt, et de touz mes maulx franc a ta souverainne pitie otroyes que ie te serve, redresce moy sire dieu et enseigne en ta misericorde, par tele maniere que de ioye et de salut et de paix me puisse devant toy esleescier.

XXIX

(0.)

A toy le mien Dieu et la mienne misericorde ie rens graces, premierement de ce que tu mas donne aucune cognoissance de toy, a toy ie rens graces et loenge que moy, du commencement de mon enfance iusques a cesre vie courant, par trop et divers pechiez par la pacience de ta grant bonte a amendation mas atendu ; ie te loe et glorefie que moy ou braz de ta vertu de trop d'angoisses de perilz et miseres mas delivre que moy de cy en arriere de grans maulx et douleurs mon corps as delivre ; ie te loe et te glorifie que a moy sanite de membres, transquilite du temps, affection, et charite de tes servens iesquielx sont dons de ta sainte pitie as daigne ottroyer ; saint des saincts ; qui sainctifies toutes choses ie te beneis, ie te glorifie, ie taour, ie fais a toy grâces ; toutes choses te beneissent, les angelz et tes saincts ; ie te puisse beneir et aourer en toute ma vie et en toute ma composicion dedanz et de hors ma salut et illumi-nation ; mes oyeulx te beneissent lesquielx tu as faiz et appareilliez pour regarder la biaulté de ta lumière, ma doulceur et ma délecta-tion. Mes oreilles te puissent beneir, lesqueles tu as faites et preparees a ouyr lo voix de ta grant ioye, ma sauvete et ma recreation ; mes narines te puissent beneir, lesqueles tu as faites en delectation de loudeur de tes oignemens ; ma loenge mon cantic nouvel, ma exulta-tion ; ma langue te puisse beneir, la quele tu as faite pour raconter tes merveilles, ma sagesse, ma meditation, mon conseil tout temps on te puisse aourer et beneir. Le mien cuer le quel tu as appareille et a moy donne pour cognoistre tes inestimables miseri-cordes, ma doulce vie, et ma beneurte ; marme combien que elle soit pecheresse te puisse beneir, laquelle as faite et appareilliee a user de tes biens en ioye, cremeteux createur et tout puissant ie te beneis de tout mon corps et de toutes mes entrailles, mon Dieu ma doulce amour ; ie te desire, appelle moy s'il te plaist sire par mon nom, refrene moy de ma douleur, certes en mon corps a grant douleur, car ie suy loing de toy par ma coulpe, mal est pour moy et pour marme. Sire Dieu ie offre a toy les lermes de ma orphanete, avec moy seront les lermes de iour et de nuyt, ie seray peu de mes plours et marme sera abevree de mes douleurs, defauldra ma vie en douleur, et mes ans en gemissemens, que est a moy du ciel, et senz toy que vueil ie en la terre, rien ne desire, rien ne vueil, fors toy auquel ie suppli et requier par toy meismes que tu me vueillez pardonner mes pechiez et retourner en ta grace.

XXX

Ne me delaisses doulz sires croistre en ma ignorance, et ne me laisses multiplier mes defaillemens, tu mas garde senz mes merites, de ma isenesce iusque a la vieillesce, et a la decrepite ne me vueilles mie faillir. Trop de biens mas fais lesquielx seroit a moy doulce chose tous temps parler, et tousiours penser, et tousiours faire graces, par quoy ie te puisse devant tous les autres biens loer et amer de tout mon cuer et de toute marme. O tresbeneuree doulceur de tousceulz qui en toy se delitent sire le mien Dieu maiz ma imperfection ont tes oyeulx veu les oyeulx certes trop plus clers que le soleil regardant les voyes des hommes iusques es parfons dabysme et iusques es treshaulz cieulx. Tu sire ne me delaisses se ie ne te delaisse premier, ou que ie soye tu es tousiours aveques moy, ie confesse certes tout quant que ie fais devant toy, car tu le voyes trop mielx que ie qui le fais. Sire devant toy est tousiours mon desirer et ma cogitation. Tu vois lesperit et ou va et ou vient et ou est, et certes en toutes choses tu regardes plus lentention que leuvre, et quant toutes ces choses diligentement ie pense sire Dieu mien terrible et fort, de paour, et de tresgrant vergoingne ie suy confondu. Ie te suppli sire que tu vueilles regarder sur moy des oyeulx de misericorde et mes euvres perverses retourner en ta doulce voulente.

XXXI

Tresfort Dieu sur touz les esperis, et tres-puissant sur toutes choses comme ia en mes oroisons ay raconte une partie des biens que tu mas faits, combien que ie le die aucunefois iay pense le contraire, car ie cuidoye Sire aucune chose combien que ie ne soye rien, ie cuidoye estre riche et suy poure. Ie cuidoye estre stenent et ie suis desceu, et or ie voy Sire que senz toy on ne puet riens faire.

Tu mas aucunefoiz delaissie par quoy ie me cogneusse, car ie cuidoye estre souffisant par moy mesmes, ie ne cuidoye pas que tu me gouvernasses, maiz quant tu fois loing de moy ie tombay en moy, et le cheoir fu par moy, et le relever fu par toy. Tu Sire mas ouvert mes oyeulx tant que ie voy que temptation est la vie de lomme sur la terre et que nul ne se doit glorifier devant toy ne iustifier nul vivant; car sil y a rien de bien petit ou grant ton propre don est; de moy nest fors que mal. Que donc de ton bien donne à soy meismes fait gloire il est ton robeur et semblant au dyable qui veult ambler ta gloire que du don que tu li donnes veult estre loe et en celluy ne quiert ta gloire, maiz la sienne est tout descognoissant car de ton don ne te rent graces, maiz, tu Sire, le mien formateur du ventre de ma mère, ne laisses moy du tout cheoir. A toy Sire soit gloire duquel tout bien vient et à moy confusion de visaige et de misere du quel vient tout mal se tu ne veulz avoir mercy. Mercy certes as de moy et de tout quant que tu as fait.

Sire ie confesse a toy ma pourete que ie ne suy fors toute vanite et umbre de mort, et aucune prudence tenebreuse, et terre vaine et unite la quele senz ta beneiscon ne porte nul fruit fors confusion pechie et mort. Se iay en nul temps rien de bien ie lay de toy, tout quant que iay de bien de toy mest venu, moult de foys ie feusse peri se tu ne meusses gouverne. Ainsi tousiours Sire ta grace et ta misericorde a sont alez devant moy, delivrant moy de touz maulx rompant les laz, despachez devant moy ostant les occasions des causes, car se tu ne eusses ce fait ie eusse fait touz les pechiez du monde, car nul pechie nest que homme ayt fait, que un autre ne le puisse faire, maiz tu feis que ie ne le feisse pas. Le dyable vint a moy et me tempta et lieu ne temps ne defaille, maiz tu Sire ne me lessas consentir, le dyable tresmauvaiz par quil moccie tousiours veille senz dormir, il gete devant moy divers laz, il a mis laz es richesces, laz es pouretes, laz en mengier, laz en boyre, laz en lit, laz en dormir, laz en veillier, laz en parole, laz en euvre, laz en toute ma vie, maiz tu Sire sil te plaist me delivreras des laz, et Sire vueillez ouvrir mes oyeulx par quoy ie voye lumiere et aille en tes voyes et puisse dire, benoist soit le Seigneur qui ne me laisse donner au dyable comme beste aux laz des chasceurs.

XXXII

O bon Dieu omnipotent soef vengant et pardonnant, o doulz pere
veez cy moy tousiours environne de pechiez et de tribulations, et
tant comme il mesloigne plus de toy ie cognois que il suy cheu, et
qui ne cognoist quand il est cheu il na cure de soy relever, car il
cuide encore estre sur ses piez, maiz tu doulz sire dieu vueillez
illuminer mes cogitations que ie ne chiee au regart de mes ennemis.
Lequel est sire le premier et derrenier larron qui vouloit desrober ta
gloire, et ore sire dieu de puis quil tomba en abysme, ne cesse de
parsuivir tes filz et par despit de toy, il convoite atrair moy qui suy
ta creature, lequel crea ta bonte omnipotent a ton ymage.

Ie sire donc devant les piez de ta majesté fais querele de cest
ennemi; il est malicieux et tourtureux; ne legierement on ne peut
entendre ses voyes, car or ca, or la, or aignel, or loup, et a chascune
qualité lieu et temps; selon diverses mutations des choses, diverses
temptations; pour ce car entre les tristes monstre tristece; et entre
ioyaus leesce; es sains hommes fait pechier par semblance de bien;
et aucuns tempte par temptation legierre et arrecoy. Les autres par
temptation legiere et manifeste, et en trop dautres et diverses
manieres qui seroient longues, et ces choses sont trop diverses a
cognoistre, se tu doulz sire ne les descuecures; car non seulement
es œuvres de la char maiz es espirituelesprieres et devotions desoubz
chaleur de vertu fait devenir vices, et trop dautres choses sefforce
de faire sathan, ore comme lyon, ore comme dragon, ore manifes-
tement, et ore occulte dedans et dehors, de iours et de nuys. Et tu
sire mon dieu delivre moy qui sauves les esperans en toy par quoy
il ayt desplaisir et tu soyes loe qui es mon dieu omnipotent.

XXXIII

Sire dieu omnipotent et pere de ma vie par le quel toutes choses
vivent et senz lequel toutes choses se pevent conter pour mortes, ne
me delaisses en consirier maligne, et ne donne mie a moy orgueil
de mes oyeulx; oste de moy concupiscence et tout mal en guise que
ie pense tousiours en toy. Ta lumière aille tousiours devant moy,

blesce ma concupiscence sire de ta doulceur, car tu vois que le
besoing en est venuz, et que tout le monde est plein de mal le quel
tu y as mis par mauvaistie de gens, et donc sire moy fils de ta
servente laquelle me donna en ta main, o ses poures oroisons ie
confesse a toy mon cuer pour entendre les biens que tu mas fait des
ma inventute et en toute ma vie. Je say sire que descognoissance te
deplaist la quelle est racine de touz maulx, et ie sire a toy rens graces
par quoy ie ne suy descognoissant car tu mas delivre tant de foys,
de pechie de la gueule au dyable, et sire ie ay pechie devant toy
mille millions de foys, Ie ne te doubtoye et tu me gardoyes de touz
maulx, ie me separay de toy et tu me retournas a toy senz ce que
ie ne le cognoissoye, ie descendi iusques es portes denfer et tu me
retenis arriere, ie maprochay es portes de la mort et tu sire mon
sauveur me delivras de griefs maladies et de diverses playes et
blesceures et trop perilz par mer et par terre, et tousiours en moy
present estant et misericordieusement assayant, et se ie feusse lors
mort ie eusse perdu et corps et arme. Cest benefice et trop dautres
et trestous ceulz que iay mas tu donne par ta grant doulceur et
misericorde. Ore sire lumiere de marme le mien dieu tu mas enlumine en cognoistre un pou tant que ie cognois que ie vis par toy
seul ie rens graces a toy ia soit ce que vilz et petites et non egaulz
a tes benefices; maiz teles comme ma fragilité les a, ie les offre a toy
car tu es seul dieu mien benigne. Que diroy ie sire touz les biens
que iay mas donne, et touz les maulx du monde iay faiz et de ta
punicion mas garde; et pour ce soit tout tien corps cuer et arme;
et quant que iay a toy Joing et commant.

XXXIV

Le petit entre les plus petiz Sire dieux pere de ma vie et de ma
vertu confesse moy indigne dentrer dedanz ton couvent, mais ie te
pri Sire fay moy ceste grace que tu ne vueilles confondre ton serf
esperant en toy; tu me feis Sire et vueilles moy gouverner, tu me
creas si ne desprise les euvres de ta main, mais Sire boe et ver, ne
puis entrer en tes eternitez se non que tu le faces que toutes choses
as fait de neant, ie certes Sire nespoir rien en moy maiz en toy, et

se ne feust lesperance que iay en toy ie me feusse perdu piece a,
maiz ie pense que tu ne delaissez ceulz qui esperent en toy ; tu es
mon dieu doulz benigne et pacient, ie fueille et vanite homme
vivent, ma vie est vent sur la terre ; ne te courrouces Sire sur mes
pechiez car ie suy pupil et tu cognois ma fragilite, ne vueil les
monstrer ta force inexplicable contre la fueille que le vent emporte.
Iay ouy Sire et sentu ta misericorde que tu ne veulz ma perdicion
par quoy ie te pri que tu ne permetes a avoir seigneurie ce que tu
ne fis a ta creature la quele tu fis. Se tu ne veulz de ma perdition
qui deffents a toy qui puez tout, de mettre moy a salvation ? Se tu
veulz tu me puez sauver, et se ie vueil par moy sanz toy ie ne puis,
la voulente est en moy maiz leccomplir ie ne puis trouver ne la
voulente ie ne puis avoir se tu ne le fais, et ce que ie vueil et puis ie
ne cognais se tu ne le menseignes car en ta voulente sont toutes
choses, ne nulz nest qui puisse le contraire faire en moy. Donc sire,
soit faite ta voulente, qui appelle ton nom, ne soit perie sil te plaist
ceste creature qui est faite par ton saint nom.

XXXV

Grans sont tes iugemens sire dieu iuge droiturier qui iuges et
quites ceulz quil te plaist ; lesquielx quant ie le pense ie tremble de
touz mes os, car nul homme vivant nest asseure sur la terre que
nous ne te servons piteusement ne chaste en timour ; ne nous
esleescons en tremour si ne nostre prelaz religieux ne seigneurs ne
subges car nul ne se puet glorifier devant toy, maiz trestoute gent a
grant paour te servent. Comme tout homme soit ignorant s'il est
digne d'amour ou dyre, de noz pères la quele senz grant paour ie ne
recorde estre monte iusques es cieulx : premièrement des quielx
leur arme est es parfons dabysme et aussi ay ie ouy dire le contraire ;
et ie ay veu mourir les vivans et les mors de iniquite ressusciter, car
publiques pecheurs et publiques femmes pecherresses as fait es cielx
habiter et les filz de ceulz as gete en tenebres ; c'est-à-dire que les
religieux seigneurs et autre manière de gent appareillez en estat de
bien faire, et destre ou regne des cieulx, ont fait par leurs pechiez
et par ton iugement quilz sont en enfer, et, par le contraire pecheurs

et pecherresses se sont retournez a toy : tu sire ne desires fors ceulz
qui te desirent de quelque estat que soyent lesquielx tu faiz dignes
de toy saincts et beneures. Ce sont ceulz que toutes les choses du
monde reputent comme boe pour ce que puissent seulement toy
gaingner, c'est le bien et lonneur que tu as donne a homme par quoy
tu soyes honnoure et ton nom par touz temps.

XXXVI

Ma esperance mon Dieu et ma salut a toy sire ie me rent et cri
mercy comme le plus vil pecheurs et le plus vil maleureux que ie
croy qui onques fust; et sire ce que ie di sces tu mielx que ie ne fais,
mais pour ce quil te plaise avoir pitié de moy, non en nulle manière
ainsi comme ie doy maiz ainsi comme ma feble char puet ie te
supplie qu'il plaise à ta sainte et doulce misericorde rendre a moy
mon salut; cest ta grace et ta doulce cognoissance. Las sire et quans
de biens et quans de miracles as tu fait pour moy pourreture sur
toutes ordures, ver des vers, opprobre non pas des hommes tant
seulement maiz de toutes autres creatures, lesquelles graces et toy qui
pis est iay perdues par mes horribles vilz et deshonnestes pechiez. A
pechiez que doulce et legiere chose estes de faire et très gréveuse
et perilleuse estes de yssir, car puis que un homme est cheu en grans
pechiez dont il a courrouce notre sire, de soy relever et de
retourner vers toy, est il neant se tu meismes doulz dieu ne le fais et
si ne te plaist pas à le faire chascune fois dont moult de gens sont
perduz. Moulz est donc merveilleusement male chose pechiez car on
en pert corps et arme et toute bonne renommee, car puis que on a
perdu la grace de Dieu les fais de lomme ne peuvent riens valoir.
Pechiez ie vous puis bien comparer a la morsure d'un chien enragie
car la morsure est petite maiz le venim est très grant, car premièrement il emfle, puis après il rent grant douleur et puis vient en
fievre et en pert le mangier et le boire, puis vient en frenaisie et en
descognoissance de toutes choses et en la fin sensuit la mort. Certes
ainsi est il de pechie car quant on le fait il semble petite chose, maiz
apres il emfle, car a peinnes sera un pechie quil natraye un autre ou
celluy meismes autrefois, tout ainsi comme lenfleure atrait les

humeurs du corps ; après quand on est emfle cest a dire plein de
pechiez, lors vient la douleur cest que les besoignes de lomme vont
toutes arebours, car il ne puet ariens bien avenir dont il a tristece et
douleur. Après la douleur pert le boyre et le mengier, cest qu'il
pert la saveur de confesser de prier Dieu et de tout bien faire, après
sensuit la frénaisie et la descognoissance cest quil delaise dieu et
pense que Dieu ne soit mie et que les bonnes et mauvaises aventures
vieignent de leur nature senz ce quil y ait rien de Dieu. Après
sensuit la mort cest la mort du corps et de larme. Certes sire mon
doulz seigneur ie confesse a estre mors de celle enragie morsure et
touz les maulz dessus diz ay ie eus fors seulement la parfaite descognoissance de toy, laquele par ta doulce grace et miséricorde encore
ne mas laissie du tout avoir. Pour ce sire a iointes mains te cry
mercy quil te plaise moy deffendre que le dyable ne me puisse mener
a ce que ie en desesperance de toy puisse cheoir, aincoys sire te
plaise par ton sainctisme nom et par tout toy mesmes que tu me
vueilles retourner en ta grace ainsi comme ie fu oncques. Car ie say
bien sire que ie y ay este par ton doulz plaisir senz mes merites ;
toute la generation de gens qui sont en ta grace suppli et pri que ilz
vueillent prier a ta saincte mageste que tu me vueilles pardonner et
a toy retourner ; et tu vray dieu omnipotent vueilles encliner tes
doulces oreilles a leurs et miennes prières, qui vis et regnes puissamment par tout le siècle des siècles. Amen.

OUVRAGES DE M. L'ABBÉ DE MADAUNE

Gaston-Phébus, Comte de Foix, Vicomte-Souverain de Béarn. *Épuisé.* (Nouvelle édition paraitra prochainement.)

Essai sur les Peintures décoratives du Sanctuaire de Notre-Dame de Sarrance. Pau, Vignancour. *(Épuisé).*

L'Héroïsme sacerdotal en l'abbé Garicoïts et l'abbé Cestac. Paris, Goudeaux, 16, Cloitre St-Honoré, 2 fr. 50.

Le Sanctuaire séculaire de l'Immaculée Conception, actuellement sous le vocable de *Notre-Dame de Ste-Espérance*, dans l'église St-Séverin, à Paris. — Poussielgue, 1 fr.

Ignace Spencer et la Renaissance du Catholicisme en Angleterre. *Épuisé.* (La 3e édition paraitra prochainement.)

Newman et l'Ecole d'Oxford en 1833. (Conférence au Cercle catholique du Luxembourg.)

Un disciple de Newman : le R. P. Lockhart.

Charles VII et don Ramon Cabrera, par le général Arjona, traduit de l'espagnol.

EN PRÉPARATION :

Histoire de l'Ecole d'Oxford, au XIXe siècle.

Histoire de Mgr de Juigné, archevêque de Paris.

PAU, IMP. VIGNANCOUR. — S. DUFAU, IMPRIMEUR.

www.ingramcontent.com/pod-product-compliance
Lightning Source LLC
LaVergne TN
LVHW022033080426
835513LV00009B/1010